CHE GUEVARA

por ele mesmo

AMIGO LEITOR

Você, que já encontrou nesta coleção o retrato da vida e da obra de tantos personagens marcantes da nossa história, saiba que os próximos nomes enfocados podem identificar-se ainda mais com seus interesses. Escreva-nos enviando sugestões de títulos, como também comentários a respeito daqueles já publicados, uma vez que nossa preocupação constante é oferecer a você uma leitura agradável e enriquecedora.

Todas as cartas recebidas pela editora serão respondidas com o envio de uma "cortesia" especial. Não deixe de nos escrever.

CHE GUEVARA

por ele mesmo

EDIÇÃO **ILUSTRADA**

MARTIN CLARET

Coleção

O AUTOR POR ELE MESMO

MANVILLE AVALON, *pesquisador e organizador deste livro, 41 anos, gaúcho de Porto Alegre, é jornalista e ativista ecológico. Atualmente reside em São Paulo, onde desenvolve pesquisa política para importante entidade educacional.*

AGRADECIMENTO, *agradecemos às pessoas físicas e jurídicas – pesquisadores, jornalistas, escritores, editores e diretores de empresas e de TVs – o apoio direto ou indireto que ofereceram à realização deste livro-antologia. Sem a solidariedade profissional e humana dessas pessoas este projeto editorial não teria sido possível. A todos, nosso muito obrigado.*

PROJETO GRÁFICO
J. C. Bruno

CAPA
Criação
José Duarte Teixeira de Castro
Fotolitos
Fotolito Cyrnil

MIOLO
Revisão
Eliana M. A. Martins
Digitação
Marilene Caetano Raimundo

Editoração Eletrônica
Wilson Bekesas
Direção de Arte
José Duarte Teixeira de Castro
Fotolitos das Fotos
Cyrnil
Fotolitos em Editoração Eletrônica
Scritta
Papel
Off-set
Impressão e Acabamento
CROMOSET GRÁFICA E EDITORA LTDA.

Martin Claret Editores Ltda – Rua Alegrete, 62 - Sumaré - C.P. 9897
CEP 01254 - Tel.: 262-8144 - Fax:263-7146 - São Paulo- SP

GUEVARA

ÍNDICE

PREFÁCIO
DOS EDITORES

O PROPÓSITO DA COLEÇÃO **O AUTOR POR ELE MESMO**

Martin Claret

Estudos da História moderna têm revelado que somos uma civilização construída sobre os fundamentos da escrita. O Homem, no seu aspecto histórico-cultural, tem sido, grandemente, um produto do livro.

Um recente relatório da UNESCO, sobre o hábito da leitura no mundo, conclui que nenhum outro processo de comunicação – inclusive o eletrônico – é instrumento mais adequado de treino mental e fortalecimento do poder da imaginação do que o contato humano com o material impresso de boa qualidade: o livro.

Educadores e cientistas sociais têm constatado que, ao lado da informação de massa, vem se desenvolvendo a "moderna sociedade instruída" – uma sociedade que não só garante a todos uma instrução básica, mas também se preocupa com o ensino dos adultos.

No mundo de hoje e no de amanhã, jamais deixaremos de ser alunos. O educador moderno está aperfeiçoando esse ideal de educação permanente, em jovens e adultos. Neste contexto educacional, o livro é o instrumento fundamental.

Aqui, ousamos futurar, com

o mestre Antônio Houaiss, fazendo nossas as palavras que ele escreveu para o magnífico prefácio de A Construção do livro, *de autoria de Emanuel Araújo: "(...) o livro, materialmente, na sua feição mais requintada ou mais generalizada presentes – folhas de papel impresso, alçadas, coligadas e vestidas numa unidade normalmente portátil (mesmo que a duas mãos) –, esse livro pode desaparecer: mas não desaparecerão, com sua fisicidade, as suas mensagens e seus códigos(...) O computador que equivaler à soma de todos os livros será um servo daqueles dialetos – da linguagem oral, que é sobretudo resultado dialético da linguagem escrita (...)*

O 'Livro' poderá, assim, para certos fins, apresentar-se sob outra técnica física. Mas, enquanto perdurar o rigor da leitura a sós, o enlevo da leitura a sós, a emoção do manuseio sensual das páginas, enquanto isso perdurar, teremos os livros-livros, esses que estão aí tão incorporados à nossa maneira de sermos humanos (tanto assim que, onde ele não é isso, aí impera o atraso, a sotoposição, a exploração)."

Também Jorge Luís Borges, o poderoso escritor argentino – ele amava os livros, infinitamente –, conceituou, com incrível lucidez e alcance universal, a importância do livro. Eis o seu pensamento: "Dos muitos instrumentos inventados pelo homem, nenhum pode comparar-se nem de longe ao livro, porque os outros instrumentos são extensões, são mecanismo desse outro mecanismo que é o nosso corpo... Em troca, o livro é uma extensão da memória e da imaginação."

Sim, o livro – esse fundador de civilizações – continuará a influenciar, com dinânico impacto, o infinito universo de nossas possibilidades.

Nós, que existimos e nos movemos no mundo dos livros; nós, que criadoramente amamos o livro em todas as suas formas e tecnologias, acreditamos, substantivamente, na função do livro.

A criação e a publicação desta coleção – O Autor por Ele Mesmo *– são o resultado final de uma pesquisa de campo, onde se detectou um perfil de leitor: o jovem, com um projeto de vida, desejoso de saber mais e consciente da necessidade de atualizar o seu potencial.*

Ela vem para atender a uma necessidade cultural e de mercado.

O volume inaugural da coleção é Chaplin por Ele Mesmo *,*

o imortal gênio do cinema. A seguir, com periodicidade mensal, serão antologiados outros personagens (ver 4ª capa), cujas idéias, revolucionárias pelo conteúdo e pela expressão, fizeram do mundo o que ele é atualmente.

A coleção O Autor por Ele Mesmo *não é uma simples série de fascículos, de seqüência obrigatória. É uma biblioteca permanente de livros independentes. Dinamicamente ilustrado – cada volume, com 160 páginas –, foi diagramado para oferecer uma leitura fácil e agradável.*

É um moderno e informativo estudo de antologia, destinado principalmente à juventude.

Os doze primeiros personagens foram selecionados pela nossa coordenação editorial, mas a coleção é uma proposta aberta e aceita permanentemente sugestões editoriais e de títulos. O limite quantitativo da coleção será determinado pelos próprios leitores.

Nosso projeto editorial é oferecer um livro de massa. O livro ciberneticamente construído, o livro-clipping, cujas características sejam: custo barato, "livro para ler", encontrável em "qualquer parte" e elaborado dentro da nossa realidade cultural e sócio-econômica. Nosso modelo para inovar foi copiar o processo criador da própria Natureza – "fazer o novo a partir do velho".

Acreditamos lobatianamente ("um país se faz com homens e com livros") que a leitura de textos fundamentais dos grandes personagens da Humanidade é benéfica, instrutiva e motivadora em si, com força capaz de complementar convenientemente a formação da mentalidade das gerações presentes e futuras, despertando potencialidades e vocações.

Participe, positivamente.

Você nunca é o mesmo depois de ler um livro.

Livro muda as pessoas.

Livro muda o mundo.

CHE GUEVARA
UM ESTUDO

O Pensamento Político de Che Guevara

Eder Sader*

Quando se for escrever a história do pensamento político latino-americano da segunda metade deste século, o nome de Ernesto "Che" Guevara se projetará sem dúvida de forma toda especial. Poucos terão influenciado as idéias e os acontecimentos como esse médico argentino, andarilho e guerrilheiro, que chegou a dirigente do Estado cubano e morreu lutando nas selvas bolivianas.

Mas enquanto sua figura já entrou para a História como um homem político que marcou sua época, sua obra rapidamente vai-se perdendo nas brumas desse tempo passado tão recente. É talvez o destino dos mitos e o Che virou um mito. Para recuperá-lo dessa zona de ambigüidades torna-se necessário afastar as lendas e estudar objetivamente seu pensamento e o significado que teve em seu contexto histórico.

É verdade que toda a sua obra é um reflexo muito imediato de sua vida e deve-se tomar essa afirmação no sentido mais estrito. Poder-se-ia dizer que em todos os pensadores marxistas — do próprio Marx e de Engels, a Lenin e Rosa, Trotski, Gramsci,

**Eder Sader é professor de Sociologia da USP*

Che Guevara com seu fuzil e sua famosa boina.

Lukács, Mao — a obra teórica aparece indissoluvelmente vinculada à prática em que estão engajados.

Mas essas obras contêm sempre sistematizações teóricas que exigiram uma atividade específica de elaboração e alcançaram níveis de generalização que ultrapassaram de muito o momento vivido. No caso do Che, talvez a brevidade de sua vida ou a intensidade de seus engajamentos deram à sua obra um caráter particularmente precário.

Diz L. R. Salinas numa passagem de rara precisão que "o escrever sobre política se situa (...) num espaço intermediário entre um *fazer* e um *calar-se.* (...) Entre o território da ação eficaz e o da impossibilidade da ação, estende-se o domínio da *escrita*"*. Pois a obra do Che se desenvolveu nos estreitos limites entre uma ação absorvente e uma morte breve. Quando se lançou à luta armada, Guevara não era portador de nenhuma originalidade teórica, nem representante de alguma corrente particular do movimento político. Ele apenas apontava uma alternativa para os impasses de uma situação histórica. E é significativo que praticamente todos os seus escritos sejam posteriores à tomada do poder em Cuba. Uma vez provada a viabilidade de uma ação, ele se dipôs a tirar seus ensinamentos e a combater as idéias que considerou caducas. Quando sua ação perdeu eficácia, ele morreu com ela.

A importância de Guevara não vem, portanto, do rigor teórico. Outros mais — ou melhor — que ele terão estudado as sociedades latino-americanas, os mecanismos de poder, as relações entre os sistemas econômicos e as estruturas políticas. Mas a importância dele — como a de Fidel — vem da capacidade de reagir a uma situação de impasse, formulando proposições concretas de ação e enfrentando as exigências decorrentes. Sua teoria não é uma livre construção do espírito: é a teoria de uma prática que alterou as condições sociais do continente.

E até no estilo, seus escritos contrastam com a literatura da esquerda dominante em seu tempo, cheia de fórmulas pré-fabricadas, descoladas da realidade, coerentes nelas mesmas inúteis e inofensivas. Nos anos 60, quando a América Latina vive uma situação explosiva, ante os discursos plenos de dogmas e de autojustificação, os escritos

* *SALINAS FORTES, L.R. Rousseau: da teoria à prática. São Paulo, Ed. Ática, 1976, p. 72.*

do Che, carentes dos ritos conceituais vigentes, mal-elaborados, mas que deixavam transparente a realidade que os suscitava e a disposição de assumir todas as conseqüências, tiveram um impacto iniludível.

O pensamento político de Guevara, assim, tem a eficácia específica de um pensamento que se debruça sobre um problema da realidade em que se insere, que aponta uma via para enfrentá-lo e ademais que se engaja na resolução prática dos meios para efetivá-la. Ele é também, por isso, a expressão de uma prática que buscou transformar as condições existentes, logrando-o parcialmente (que se pense sobretudo em Cuba). Hoje, passado o furacão, que entre outros mortos deixou o próprio Che, torna-se mais fácil e cômodo fazer-lhe a crítica, ver suas lacunas e limites. Mas não há que se enganar: também em seu tempo havia muitas teorias capazes de explicar todos os erros e problemas *passados* ou presentes. O grande desafio à teoria, porém, é o de poder iluminar os caminhos do futuro. O pensamento de Guevara é a expressão de todo um movimento que aceitou esse desafio e levou-o às últimas conseqüências. É a esse nível que se deve ser estudado.

Uma Vida Agitada

Muitos me chamarão de aventureiro e o sou, só que de um tipo diferente: dos que entregam a pele para provar suas verdades (da última carta aos pais).

Ernesto Guevara de la Serna nasceu antes do tempo. Seu pais, Ernesto Guevara Lynch e Celia de La Serna, deslocavam-se da província de Misiones (no nordeste argentino, encravada entre o Paraguai e o Brasil) para Buenos Aires, em busca de melhores cuidados médicos para o parto, quando ele nasceu, no dia 14 de junho de 1928, na cidade de Rosário, a 250km da capital. O "Che" mesmo só aparecerá 28 anos depois, quando seu destino se encontrará mesclado ao dos exilados cubanos que fabulavam planos para derrubar a ditadura de Batista. Então Guevara chamará a atenção dos caribenhos pelo uso exaustivo dessa interjeição característica dos argentinos e que lhe valerá o apelido.

Seus pais possuíam uma pequena propriedade agrícola na província de Misiones, onde exploravam a erva-mate. As dificuldades econômicas, agravadas com a crise de 1929, não impedirão a família de viver num ambiente cultural razoavelmente re-

> “Não há experiência mais profunda para o revolucionário de que o ato da guerra.”

quintado, que marca sua infância, junto aos seus 4 irmãos menores: Roberto, Celia, Ana María e Juan Martín.

Mas certamente o que mais o marcou nesse período para acompanhá-lo toda a vida foi a asma, que se manifestou pela primeira vez quando ainda tinha dois anos, levando seus pais a mudarem-se, 4 anos depois, para Córdoba, à procura de um clima mais saudável. Ao contrário do que se poderia supor, ele não desenvolverá uma personalidade fraca ou indolente. Ainda que se encontrem nele manifestações de angústia, introspecção e forte emotividade, vínculos estreitos com os incansáveis cuidados maternos, a enfermidade agirá como um desafio que ele aceita sem nenhuma autocomplacência. É assim que, adolescente, não encontrará nada melhor do que ser um intrépido jogador de *rugby*.

Em 1945 ele tinha terminado os estudos secundários, quando seus pais se mudaram novamente, agora para Buenos Aires, com os filhos. Declarado inapto para o serviço militar, matricula-se na Faculdade de Medicina da Universidade de Buenos Aires.

A Argentina vive então momentos decisivos. Dia 17 de outubro desse mesmo ano, mais de 200 mil trabalhadores se põem em greve e marcham em direção ao palácio do governo, desafiando o poder e exigindo a liberdade de um jovem coronel, ministro do trabalho demitido e preso por suas ligações com os sindicatos. Às 11 horas da noite desse mesmo dia, o coronel —,

Juan Domingo Perón —, liberado, fala às massas aglomeradas e cheias de entusiasmo, na Plaza de Mayo, selando a sorte de seus adversários. Começava uma nova etapa da história argentina.

Os Guevara, como a totalidade dos liberais, dos comunistas, a maioria dos socialistas e de todos aqueles que haviam combatido as ditaduras fascistas dos anos 30, encontravam-se então "do outro lado da barricada" ou simplesmente em suas casas, desgostosos.

Ernesto Guevara tem 18 anos quando Perón chega ao poder. Por que esse jovem inteligente, ativo, formado num ambiente progressista, permanece à margem dos acontecimentos que sacodem seu país? A história desse desencontro tem sua importância porque, de certo modo, ela explica também sua incorporação posterior às lutas revolucionárias do continente.

Em 1943, quando um golpe militar derruba o regime oligárquico que vigorava no país desde outro golpe — de diferente signo — e que, em 1930, inaugura a "década infame", acentua-se a divisão entre "nacionalistas" e "liberais". Os primeiros, partidários de um Estado forte, assumem um projeto de industrialização nacional com expansão do emprego e dos salários; enquanto os liberais serão partidários do liberalismo econômico e de melhor adequação entre a economia argentina e a metrópole norte-americana. Ao nível social, a polarização logo se dará entre as massas de trabalhadores de um lado, dando um cunho populista ao projeto nacionalista, e as classes médias e altas de outro, expressando o conteúdo social daquele liberalismo. De um lado, junto à oligarquia, estará uma esquerda sem bases, brandindo fórmulas importadas de uniões com a "burguesia democrática antifascista". De outro, um movimento popular massivo conduzido por um chefe militar demagogo e autoritário. Face a essa polarização difícil, o jovem Guevara, rebelde, individualista e antiautoritário, solidário instintivamente com as massas mais pobres, sente uma certa repugnância pela "política". Ele se evade, procurará ser um "médico dos pobres". Ele só reencontrará a política após um longo percurso.

Guevara já era um aficionado pelas viagens. Com 19 anos percorreu 4 700 km do interior do país em bicicleta, durante as férias escolares. No ano seguinte, empregou-se num navio para descarregar petróleo no sul. Aos 23 anos comprou uma motocicleta com o amigo Alberto Granados, médico recém-formado, para percorrer a América do Sul. Pouco antes de chegar a Santiago do Chile a moto enguiçou, e tiveram de prosseguir a pé e trabalhar para continuar a viagem. Pensaram em ir até um leprosário na ilha de Páscoa, mas não foi possível. Foram até o Peru, visitaram Machu Picchu, internaram-se na selva amazônica onde trabalharam num leprosário. Os próprios leprosos, gratificados, ajudaram-nos a construir um barco no qual atravessaram o Amazonas em direção à Colômbia. De Bogotá foram a Caracas, onde afinal Granados obteve um posto num leprosário, enquanto Guevara tomou um avião de volta.

Assim, quando em março de 1953 se formou em Medicina, como especialista em alergia, já estava decidido a partir de novo, para trabalhar em Granados na Venezuela.

Em agosto desse ano, após uma cansativa viagem de 6000 km de trem, desembarcou em La Paz, encontrando a Bolívia em plena revolução. Aí encontra vários argentinos exilados e passa algum tempo conhecendo o país. No ano anterior uma insurreição popular havia derrubado o regime oligárquico e entregue o poder ao Movimento Nacionalista Revolucionário (MNR), que iniciara uma reforma agrária e a nacionalização das minas. Havia um novo governo em La Paz, mas nos centros mineiros as milícias operárias permaneciam ativas. Guevara não tinha ainda nenhuma concepção política definida. Interessava-se por tudo: desde as ruínas indígenas e os monumentos arqueológicos até à reforma agrária e à organização das minas nacionalizadas. Encantou-se pelo espetáculo de um povo secularmente humilhado que se levantava. Mas os métodos do MNR não lhe agradam: ele observa a formação de uma nova burocracia privilegiada, paternalista e arrogante na relação com as massas camponesas.

O propósito inicial de Guevara, no entanto, continuava de pé: exercer a medicina ao lado de Granados na Venezuela. Assim, retoma a viagem, que será das mais atribuladas. Guevara juntamente com dois compatriotas vão até o Peru, onde a polícia da ditadura de Odria apreende-lhes os livros que traziam sobre a revolução boliviana. No Equador, juntam-se a outros três estudantes argentinos, com os quais dividem todo o dinheiro, que se acaba rapidamente. É aí que Ricardo Rojo, que o acompanhava desde La Paz, o con-

Guevara aos 9 anos, ao lado da irmã, exibindo uma luva de base-ball.

vence de abandonar a idéia de ir à Venezuela, para seguir com ele até a Guatemala, onde o governo de Jacobo Arbenz havia expropriado as terras da United Fruit, realizando um vasto programa de reforma agrária. Usando uma carta que Rojo trazia do senador chileno Salvador Allende, conseguem viajar por um navio da própria United Fruit até o Panamá. Em direção à Guatemala, cruzando a Costa Rica, então "ilha de paz democrática" na região, conhecem políticos exilados e discutem com Romulo Bettancourt, Raul Leoni (dirigentes da Ação Democrática da Venezuela, futuros presidentes do país) e Juan Bosch (dirigente da oposição democrática e depois presidente da República Dominicana até ser deposto por golpe militar). Finalmente, na noite de Natal desse 1953 eles chegam à Guatemala.

E é aí que Guevara vai assistir à experiência decisiva na definição de seu pensamento político. Até então sua visão amadurecera no correr das viagens e discussões, no conhecimento das condições de vida do povo nos lugares mais afastados e nas experiências de mobilização política. Tinha lido já vários textos políticos, mas o fundamental vinha-lhe desse conhecimento direto e fugaz. E essa experiência ainda não se transformara num novo conhecimento e nem muito menos numa disposição de engajamento que ele assumiria em seguida.

A Guatemala vivia desde 1944 uma experiência reformista inaugurada por José Arévalo, após a derrubada de uma longa ditadura militar. Arévalo, um professor, suprime o trabalho forçado nas plantações bananeiras, decreta aumentos salariais, liberdade de organização para os trabalhadores rurais e urbanos e inicia um programa de assistência à população indígena. Em 1950, é sucedido eleitoralmente por seu partidário Jacobo Arbenz, que aprofunda sua política. Em 1952, decreta uma lei de reforma agrária, ameaçando os 2% de proprietários que detinham 70% das terras. Entre estes, contava-se a poderosa companhia americana United Fruit, dona de 225 mil hectares, dos quais 164 mil serão expropriados. O governo americano reage prontamente, "em defesa da democracia". E nos países vizinhos, dominados por ditaduras fiéis aos interesses das grandes companhias exportadoras, começa-se a preparar um "exército libertador". É nesse clima que Guevara chega à Guatemala.

Ele sentia que o destino do

país estava em jogo e queria dar sua contribuição, enquanto médico. Sua intenção era trabalhar num programa de assistência médica aos indígenas da região de Petén (onde existem alguns exemplares dos mais impressionantes de arquitetura maia, que o fascinava sempre). Mas finalmente, sem ter seu título validado, ficará trabalhando num posto médico na capital.

Esse sonho de uma medicina popular vai durar pouco. A 18 de junho de 1954 o "exército de libertação", com base em Honduras, formado por 200 mercenários, 6 aviões americanos com pilotos americanos, invade o país. Guevara não sabe manejar um revólver mas pede para ser engajado e enviado ao *front*. Os militares recusam, temendo armar os civis. Ele procura então grupos de esquerda para participar da defesa civil. Enquanto isso, Arbenz procura sua salvação no Conselho de Segurança das Nações Unidas, sem levar em conta que esse organismo era presidido pelo norte-americano Cabot Lodge.

Quando as tropas invasoras penetram na capital e começam as execuções, o nome de Ernesto Guevara figurava na lista dos condenados à morte. É nesse momento que ele sente mais fortemente a barbárie do imperialismo, escondida atrás da "defesa da democracia": fuzilamentos, derrubada de um governo constitucional, devolução das terras à United Fruit e abolição dos direitos dos trabalhadores. E de outro lado comprova a fragilidade dos governos e partidos reformistas, prisioneiros das estruturas do poder burguês. E a atitude das burguesias nacionais e suas forças armadas, que recuam ante a polarização das lutas, precipitando-se sob a proteção da dominação estrangeira.

Asilado na Embaixada da Argentina, toma uma decisão que mudaria definitivamente sua vida. Não volta à Argentina e nem mais irá à Venezuela. Já não é mais o médico, o apaixonado em arqueologia, o viajante aventureiro. Sabendo que seus amigos, exilados do Caribe, se dirigiam ao México, decide acompanhá-los.

Chegando ao México, concentra-se na análise dos processos políticos e nas leis que presidem as vitórias e as derrotas das revoluções. E para isso muito contribuirá a militante peruana, Hilda Gadea, ligada ao "A.P.R.A. rebelde" — dissidência marxista do partido tracidicional de Haya de la Torre, e que mais tarde dará nascimento ao M.I.R. peruano. Guevara e Hilda tinham-se conhecido na Guatemala, onde começaram um romance. Chegando ao México, casam-se em maio de 1955. Hilda possuía então uma formação marxista mais desenvolvida que a do Che.

E aí encontra os cubanos do "26 de Julho", que lhe falavam do assalto ao quartel Moncada, de Fidel, e de um novo plano de desembarque. Conhece Raúl Castro que, como ele, já se considerava marxista. Raúl inspira-lhe confiança: "Ele já tinha combatido e o fato de ter arriscado sua vida provava a profundidade de suas convicções políticas"[1]. Quando chega a notícia da queda de Perón e seu velho amigo Ricardo Rojo que lhe propõe que retorne à pátria, sua resposta revela a evolução de sua concepção política:

"Por que eu partiria? Aqui se desenrola uma atividade da mais alta importância, a empresa de cubanos, que toma cada dia mais amplas proporções. Lá, o que nos espera? Um governo militar que procura diminuir o papel da classe operária na direção política do país. Admitindo que caia esse governo, como aconteceu com o precedente, admitindo que teu amigo Frondizi tome o poder e que você se torne ministro, o que vocês poderão fazer? Um governo cheio de boas intenções mas sem trazer grandes mudanças de fundo, e o dia em que quiserem fazer essas mudanças... Guevara fez o gesto de se cortar a garganta"[2].

Em junho de 1955 Fidel chega ao México, e o encontro com ele impressiona Guevara profundamente. "Conversei com Fidel uma noite inteira e pela manhã eu já era o médico da futura expedição"[3].

É evidente que após a experiência da Guatemala um aspecto quase obsessivo de seu pensamento é a preocupação pela conseqüência prática de cada proposição política. Quais os meios de cada política? E, entre esse, ele valoriza particularmente a vontade e a disposição dos militantes. E isso o atrai nos combatentes do "26 de Julho".

Depois de um ano de treinamento, 82 homens partem, dia 26 de novembro, a bordo do Granma. A travessia demorou mais que o previsto e o desembarque se efetuou depois dos levantes produzidos em Santiago de Cuba pelos militantes ur-

---

[1] *Cf. Gutierrez, C. M.* Los motivos del Che. *Cuba, Ed. Casa de las Américas, 1969. p. 41.*

[2] *Rojo, R.* Che Guevara, vie et mort d'un ami. *Paris, Ed. Seuil, 1968. p. 65.*

[3] *Entrevista com J. Masetti na Sierra Maetra em abril de 1958, reproduzida em* Tiempo de Che *(primer ensayo de cronologia). Barcelona, Ed. Anagrama, 1976. p. 26.*

banos do "26 de Julho". Além disso, eles são detectados logo ao chegar e quando tentam fugir, embrenham-se num pantanal. Três dias depois a aviação ataca para dizimar o que restava daquela "expedição revolucionária". Sobram apenas cerca de 12 homens que, no entanto, retomam a luta com a mesma incrível convicção com que haviam partido do México.

Aí sobrevêm as primeiras ações vitoriosas contra destacamentos e postos militares. E começam, maravilhados, a tomar contatos com os componeses. Toda a concepção guevarista de guerrilha se baseia nessa experiência, que se inicia aparentemente com tão poucas forças até derrotar o exército de Batista. O Che conta, em seu *Passagens da guerra revolucionária*, toda essa campanha: os combates de que participou, suas consultas médicas nas choupanas miseráveis da Sierra, o velho camponês que ele alfabetizou, como ele passou de médico a comandante da 2ª coluna, seus ataques de asma, a organização interna da guerrilha, suas relações com o campesinato e com as demais forças políticas.

Ao final de 1957 a força e o prestígio da guerrilha se multiplicaram, e todas as tendências da oposição buscavam entrar em contato com ela. Mas a guerra ainda duraria um ano.

Os guerrilheiros representam então, por sua ação, a tendência mais comprometida com o campesinato e com o combate radical à ditadura. A comparação entre eles — a "Serra" — e a "Cidade", onde estão os políticos que procuram usar a pressão da guerrilha para negociar com os militares e efetuar apenas reformas superficiais no regime, voltará insistentemente — e mesmo de forma bastante simplificada — no pensamento do Che.

No dia 1º de janeiro de 1959, após uma violenta batalha de três dias, Guevara entra na cidade de Santa Clara. A guerra estava-se decidindo. Três dias depois ele percorre triunfalmente as ruas de Havana. Tinha então 30 anos e fora nomeado governador militar da província de Havana, onde punha os pés pela primeira vez. Tinham-se passado apenas cinco anos desde que partira de Buenos Aires para exercer a medicina numa clínica em Caracas.

Guevara e Raúl Castro eram então considerados pelos serviços de informação de Washington como os "agentes do comunismo internacional" no seio do governo, o que era uma grande bobagem. Mas é certo que o Che alertava abertamente contra as

ameaças americanas ou as regressões burocráticas. Ele certamente pensava na Guatemala, impotente ante os invasores, no México com sua "revolução fossilizada", na Bolívia em começo de degenerescência. No novo governo haviam políticos que se tinham unido contra Batista mas que não pretendiam tocar nas estruturas sociais do país. Para eles, as reformas anunciadas por Fidel eram apenas propaganda para obter apoio popular antes de chegar ao poder. Mesmo o Departamento de Estado norte-americano pensava em repetir o ciclo habitual das "revoluções militares" latino-americanas: face à pressão econômica ou ameaças mais diretas, o caudilho se submeteria. Mas nesse caso a diferença substancial consistia na existência de um exército rebelde, detentor do poder real e forjado num luta ao lado do campesinato.

E a disposição de expropriar os latifúndios e entregar a terra aos que nela trabalhavam, vai definir os rumos da revolução. A indicação de Guevara para o Instituto Nacional de Reforma Agrária e Banco Nacional era já um sinal dessa disposição.

1960 até 62 serão anos decisivos no conflito com os Estados Unidos, para o qual se prepara o Che. Em julho de 60, ante a resolução cubana de não aceitar as exigências americanas de indenização total das companhias expropriadas pela reforma agrária, o governo ianque suspende a compra de açúcar cubano. O governo cubano se assegura de que os soviéticos o farão. O próprio Che viaja à União Soviética, China, Egito, Índia, Iugoslávia, Indonésia, Coréia do Norte, Hungria, buscando apoio de países socialistas e "não-alinhados". Os americanos se recusam a refinar petróleo soviético comprado pelos cubanos. Os cubanos nacionalizam as refinarias americanas. A cada pressão, uma nova radicalização do processo revolucionário. Em abril de 61 finalmente ocorre a invasão — hoje sabemos os detalhes — organizada pela CIA. Mas então o apoio popular ao novo regime era tal que a operação "libertadora" foi desbaratada em poucas horas. É ainda nesse ano que o Che vai representar Cuba na reunião da OEA, em Punta del Este, convocada para condenar a ilha revolucionária e distribuir financiamentos americanos aos governos leais. Mas dessa tribuna ele passa de acusado a acusador, denunciando o imperialismo americano e seus súditos. Terminada a reunião, entra clandestino na Argentina para reunir-se secretamente com o presi-

Guevara em 1956, quando fichado na polícia mexicana.

dente Frondizi (que será derrubado por um golpe, 7 meses depois) e, de passagem por Brasília, é condecorado pelo presidente Jânio Quadros, que renunciaria alguns dias após.

Em 1962 tem lugar a "crise dos mísseis", quando Kennedy ameaça novamente invadir Cuba pretextando a instalação de mísseis soviéticos na ilha. Sem consultar os cubanos, os soviéticos terminam por desmantelar os foguetes, que haviam sido oferecidos para a proteção do regime de Fidel. Será o ponto mais baixo das relações soviético-cubanas.

Já na política interna a direção cubana havia enfrentado as tentativas de controle político por parte de antigos dirigentes do PSP (que era o artigo PC cubano) num processo que será conhecido como o da "microfração" sectária. Muitos pensavam numa ruptura com os comunistas e a URSS. Mas Che, como Fidel, não o pretendiam, pois tratavam apenas de retificar erros para somar todas as forças possíveis contra aqueles que apontavam como os verdadeiros inimigos da revolução: o imperialismo americano e a oligarquia local.

Os anos 1963 a 65, passadas as ameaças mais imediatas de invasão, assistem ao processo de reorganização do país, de transição socialista nas duras condições do bloqueio econômico. Já em 1961 Guevara se havia transferido para a direção do Ministério das Indústrias, onde inicia um sistema centralizado de gestão econômica, pretendendo combater as relações mercantis no interior da economia socialista. Esse esforço ficou registrado numa série de artigos, conferências e cartas onde se ocupa em demonstrar que a construção socialista não se reduz a um simples desenvolvimento das forças produtivas nacionalizadas, mas deve introduzir novos valores e relações sociais.

Ele estuda a fundo as leis econômicas e trava uma polêmica pública com Carlos Rafael Rodrigues — do INRA — que, a partir de uma formação comunista tradicional, defende o modelo soviético e critica o Che por não levar em conta a inevitável sobrevivência das relações capitalistas numa sociedade de transição. Este lhe responde que não ignorava tais sobrevivências mas que se diferenciava precisamente por combatê-las, já que elas não desapareceriam por si mesmas.

Em dezembro de 1964 parte de novo, agora para a África, e participa do Seminário Econômico de Argel, onde expõe, de

> “Nós nos forjaremos na ação cotidiana, criando um homem novo com uma nova técnica.”

modo crítico, suas concepção das relações entre o mundo subdesenvolvido e os países socialistas. E entra em contato com movimentos de libertação africanos.

Seu pensamento se desloca cada vez mais para o cenário mundial. Se bem que ainda não tivesse escrito a famosa proclamação de “criar dois, três, muitos Viet-Nam”, é certo que já pensava nesse processo, querendo ser de novo um protagonista direto. No curso de 1965 Ernesto Che Guevara desaparece da vida pública e renuncia a todas as suas responsabilidades no governo e no partido cubano, dizendo em carta a Fidel que “nada de legal me liga a Cuba; somente laços de outra natureza que não podem ser destruídos como papéis oficiais”.

Correram rumores de que estava morto ou preso por Fidel. Na realidade, estava nos preparativos para entrar na Bolívia e também em combates na África negra, durante alguns meses.

É preciso lembrar que o projeto boliviano, que não era recente, era concebido numa visão continental, pela localização do país na América do Sul. O “Exército de Libertação Nacional” da Bolívia deveria ser simplesmente o núcleo de colunas que se dirigiriam ou apoiariam as lutas nos países vizinhos. Isso explica a própria composição do grupo que entra na Bolívia no curso de 1966 para juntar-se ao Che e aos militantes bolivianos: 17 cubanos e 4 peruanos.

No *Diário da Bolívia*, ele relata todos os seus passos desde o dia 7 de novembro de 1966, quando chega ao sítio de Nancahuazu, até 7 de outubro do ano seguinte, véspera de sua morte. Assim que chega, o Che se dá conta das diferenças entre a Sierra Maestra e essa selva do altiplano boliviano: a primeira rica em fauna e flora alimentar, habitada por camponeses rebeldes; a segunda hostil e quase deserta. Mas é que a região do Alto Bení, mais favorável e habitada por camponeses dispostos politicamente, havia sido abandonada após o conflito entre a direção do PC boliviano e os membros iniciais da guerrilha. O Che decide então que Nancahuazu seria apenas zona de treinamento.

Mas os acontecimentos se precipitam. Nesse mesmo ano, o PC retira seu apoio e exclui de suas fileiras os militantes que permanecem na guerrilha. Em março de 67 são detectados pelo exército. Ainda que a guerrilha seja vitoriosa nos primeiros confrontos, estes já se dão num quadro geral desfavorável. O governo boliviano de Barrientos com todo apoio americano. A guerrilha, sem incorporar número suficiente de bolivianos e atuando em zona hostil. Os próprios mineiros, em oposição ao governo, sofrem um verdadeiro massacre em junho de 67 sem qualquer contato com a guerrilha. Esta, completamente isolada, sem apoio do campesinato local, após as primeiras derrotas, procura deslocar-se para regiões mais favoráveis. Nessa tentativa o Che enfrentará, com 16 companhairos que lhe restavam, sua última batalha.

O Conjunto de Sua Obra

Existe uma edição cubana da Casa de las Américas das obras do Che cobrindo o período 1957-1967. Aí está tudo o que ele deixou escrito de mais importante. Sabe-se do artigo “Eu vi cair Jacobo Arbenz” escrito em 1954, e possivelmente seja tudo. Além disso, se nos detivermos nas datas de seus escritos, verificamos que se concentram em sua grande maioria nos anos de 1959 a 1964.

Logo após a tomada do poder, sua produção é dominada pelo empenho em sistematizar a experiência guerrilheira na Sierra Maestra: “O que é um guerrilheiro” (1959), “Guerra e população camponesa” (1959), “Projeção social do exército rebelde” (1959), “Notas para o estudo da ideologia da revolução cubana” (1960), e finalmente o manual *A guerra de guerrilhas* (1960), o mais importante entre seus escritos militares.

O que o antecede são artigos em que o Che destaca os fundamentos políticos da guerrilha e particularmente suas relações com o campesinato. São claros e sucintos. Já *A guerra de guerrilhas* surpreende pelas sua própria organização interna, diferenciando-se dos esquemas cartesianos das obras de Mao por exemplo, no gênero. Nesse manual Guevara trata dos "princípios gerais" (essência, estratégia, tática, guerra em terrenos favoráveis e desfavoráveis, suburbana), da "guerrilha propriamente dita" (o guerrilheiro como reformador social, como combatente, a organização da guerrilha, o combate, o desenvolvimento até a luta final), da "organização do *front* guerrilheiro" (abastecimento, organização civil, papel da mulher, saúde, sabotagem, indústria, propaganda, informações, treinamento, doutrinamento, organização do exército). No plano mesmo do livro não é muito claro: volta freqüentemente a aspectos já tratados, passa de um assunto para outro e mistura níveis diferentes numa só passagem. É como se ele estivesse falando a um grupo de revolucionários dispostos a aplicar as lições da experiência cubana, para transmitir-lhes cuidadosamente em cada detalhe, da importância do calçado para as caminhadas na selva à distribuição igualitária da comida, até as leis gerais da ação militar. Mas se é rigorosa a transmissão do conhecimento técnico dos detalhes militares, o próprio descuido acerca das condições de generalização da experiência cubana já trazem raízes de uma fragilidade maior. E a produção que segue essa linha é sempre grandemente devedora da capacidade de generalização das experiências cubanas.

Em 1961 escreve o expressivo artigo "Cuba, exceção histórica ou vanguarda na luta anticolonialista?"; em 1962: "A influência da revolução cubana na América Latina" (conferência a membros do aparelho de Estado) e "Tática e estratégia da revolução latino-americana"; em 1963: "Guerra de guerrilhas: um método" e "Passagens da guerra revolucionária". Afora este último que consiste em relatos vivos da campanha cubana, os outros procuram discutir as condições da estratégia da guerrilha, em sua versão cubana, ser aplicada ao resto do continente.

Um outra linha na produção escrita de Guevara é constituída pela preocupação com os aspectos ideológicos da transformação socialista. Entre 1959 e 1960 encontramos uma série de

conferências e discursos acerca de novos valores requeridos pela transformação revolucionária. Aí destacam-se três palavras sobre a reforma da universidade, uma sobre "O médico revolucionário" e a "Despedida às brigadas internacionais de trabalho voluntário". Em "O que deve ser um jovem comunista" (1962), ele, iniciando pela necessidade de mudanças profundas no sistema educativo para colocá-lo "a serviço da revolução" ("que a universidade se pinte de negro, de mulato, de operário e camponês"), chega até a problemática do "homem novo", motivado pelos valores da solidariedade e do compromisso com o povo, do combate radical a todas as injustiças. Mas aí o tema se desdobra em duas vertentes: uma discute os aspectos institucionais dessa mudança ideológica através da problemática do partido revolucionário, e outra através das características da organização econômica do país.

Já o artigo "O quadro, coluna vertebral da revolução" (1962) introduz a discussão sobre o partido. Nos anos 1963 e 64 a questão aflora com relevância, e são desse período: "Contra o burocratismo", "Sobre a construção do partido", "O partido marxista-leninista" e "A juventude e a revolução".

Quanto ao aspecto econômico, ele já havia escrito em 1960 "Soberania econômica e independência política", em que trata das condições da batalha econômica que tratava o país no cenário mundial. Em "Discussão coletiva; decisão e responsabilidades únicas" (1961), anuncia sua concepção da centralização econômica. Mas é também em 1963 e 64 que a polêmica sobre o modelo da transição socialista ocupa-o centralmente. E os escritos desse período mostram como sua proposição nesse campo se articula com sua temática central da transformação ideológica como fator determinante do curso revolucionário. Mas ele enfrenta a problemática econômica em sua especificidade própria: "Considerações sobre custos de produção como base para a análise econômica das empresas sujeitas ao sistema orçamentário" (1963), "Sobre a concepção do valor" (1963, "Sobre o sistema orçamentário de financiamento" (1964), "O sistema bancário, o crédito e o socialismo" (1964), "A planificação socialista, seu significado" (1964), "Uma atitude nova ante o trabalho" (1964), "Cuba, sua economia, seu comércio externo, seu significado no mundo atual" (1964).

Essa ousada reflexão sobre os aspectos ideológicos e econômi-

Che na linha de combate,
em Santa Clara, Cuba.

cos da construção da nova sociedade, sobre a luta entre as heranças capitalistas e os projetos socialistas na intrincada fase da transição, culmina com "O socialismo e o homem em Cuba" (1965).

De resto, além de uma abundante obra epistolar, temos principalmente os discursos nas reuniões internacionais: em Punta del Este, na reunião da OEA (1961); em Genebra, na conferência Mundial sobre o Comércio e o Desenvolvimento (1964); na Assembléia da Nações Unidas (1964); no Seminário Econômico da Solidariedade Afro-asiática (1965). E sua visão sobre o cenário internacional se apresenta em seguida sob forma de proposição política em sua última "Mensagem aos povos do mundo através da Tricontinental" (1967), enviada a Cuba quando já embrenhado nas selvas bolivianas.

O Humanismo Revolucionário

Deixe-me dizer, com o risco de parecer ridículo, que o verdadeiro revolucionário é movido por grandes sentimentos de amor... ("O socialismo e o homem em Cuba").

(...) Com o mesmo ardor com que combatera o determinismo dos que esperavam a revolução através do simples "desenvolvimento das condições objetivas", Guevara combaterá, depois da tomada do poder, aqueles que pretendiam chegar ao socialismo, somente pelo crescimento das forças produtivas nacionalizadas.

Na polêmica que então se trava sobre os modelos da transição socialista, ele vai procurar apoiar-se num estudo aprofundado dos textos de Marx sobre o comunismo. Retomando os "Manuscritos econômico-filosóficos", ele se funda na concepção marxista do comunismo como "solução do conflito entre o homem e a natureza e do homem com o homem", como processo de real apropriação de sua essência, e, portanto, como fenômeno consciente. E aí ele insiste sobre esse aspecto consciente: não pode realizar-se aquela apropriação, desalienação, que não seja como um processo consciente. Retornando assim à concepção original de Marx, ele afirma que o comunismo não pode ser o resultado "objetivo" do desenvolvimento econômico sob um Estado "socialista" mas somente o processo pelo qual a humanidade se apropria de seu ser social.

O que tem em vista são as experiências já conhecidas da "construção socialista", que ele não queria tomar como modelo. Reconhece as condições objetivas que dificultara seus caminhos e que ainda hoje dificultariam todos os projetos socialistas. Tendo partido das regiões mais atrasadas, dos "elos fracos da cadeia imperialista" (Lenin), e tendo um longo caminho a percorrer, "é grande a tentação de recorrer aos interesses materialistas como alavanca de um desenvolvimento econômico acelerado" ("O socialismo e o homem em Cuba").

Altos podem ser os índices da produção material e mesmo geral das condições de vida, mas ele duvida precisamente do significado de um "comunismo" que se forjaria à base de interesses individuais herdados do capitalismo. Sem negar a existência deles, com a necessidade de levá-lo em conta e, mesmo, de recorrer a eles em alguma medida, o que afirma Guevara é a necessidade maior de sobreporlhes novos interesses, que teriam de ser a alavanca da transformação social.

Trata-se para ele de agir sobre uma situação transitória — e portanto essencialmente contraditória — para fazer prevalecer os elementos "novos", revolucionários, sobre os "conservadores", do passado.

"A nova sociedade em formação tem que competir muito duramente com o passado. Isso se faz sentir não somente na consciência individual, sobre a qual pesam os resíduos de uma educação sistematicamente orientada para o isolamento do indivíduo, mas também pelo caráter mesmo deste período de transição, com a persistência das relações mercantis. A mercadoria é a célula econômica da sociedade capitalista; enquanto exista, seus efeitos se farão sentir na organização da produção e, portanto, na consciência." ("O socialismo e homem em Cuba").

Assim, junto com o desenvolvimento de uma nova base material, deve-se criar um "homem novo". E os dois processos são estritamente inseparáveis.

Para isso, "a sociedade inteira deve transformar-se numa gigantesca escola". Diretamente, através dos sistemas educacionais e pela propaganda; indiretamente, pela incorporação de novos hábitos nos comportamentos cotidianos, os indivíduos sofrerão o impacto da nova sociedade e serão compelidos à autotransformação.

Não se trata portanto de um humanismo abstrato, a-histórico. É verdade que era desse tipo seu ponto de partida, como de resto o de Fidel. A divisa do partido ortodoxo, ao qual pertencia Fidel até a constituição plena do "Movimento 26 de Julho", era "vergonha contra o dinheiro", espécie de grito indignado do cidadão honrado contra o corrupção dos milionários, generais e funcionários da tirania. Igual a tantos outros movimentos moralistas e populistas, o partido ortodoxo só foi capaz de utilizar esse lema como propaganda. A guerrilha de 26 de Julho começou querendo levar às últimas conseqüências essa batalha democrática elementar. Foi aí que, no dizer do próprio Che, "a guerra nos revolucionou" ou seja, de um lado a situação de luta pelo poder e, de outro, o fato de fazê-lo assumindo os interesses da massa camponesa, foi dando uma configuração social mais precisa ao humanismo inicial. Quer dizer, a transformação do democrata radical em revolucionário comunista não provocou a eliminação do aspecto humanista. Valores como honestidade, integridade pessoal, etc. não são percebidos como preconceitos pequeno-burgueses mas, ao contrário, adquirem uma outra dimensão, no contexto de uma concepção marxista.

Os primeiros escritos após a tomada do poder nas quais Guevara trata dos problemas dos novos valores humanos são na verdade transições de seus discursos nas universidades. Quando fala do papel do estudante, da escola, do médico, do arquiteto, manifesta uma preocupação central: sublinhar sua situação privilegiada face à dos trabalhadores, seus deveres em relação a estes, seus deveres em relação a todos os trabalhadores do mundo; sublinhar a superioridade humana daqueles que dedicam suas vidas à revolução, frente àqueles que só cuidam de seus interesses particulares. E o poder do convencimento desse discurso moral elementar repousou sempre na franqueza transparente de suas palavras: tratava-se de alguém que nada possuía e nada pedia a não ser melhores condições para continuar lutando. Ante esse exemplo irrepreensível, era difícil defender interesse privados mesquinhos.

Mas se os primeiros discursos são apenas um combate contra as reações mais primárias do individualismo burguês, em seguida o próprio desenvolvimento do processo revolucionário vai exigir dele que afronte os problemas da criação de novos valores nas condições novas e mais complexas.

O aventureiro aparece portanto, no fundo, como um grande moralista. Sua ênfase toda está no desenvolvimento de uma nova moral, capaz de remover as montanhas de antigos valores. Que se entenda bem, no entanto, essa caracterização. Há uma certa pressa em apresentá-lo como um romântico sonhador, sem preocupação pelas condições concretas, e provavelmente a referência a seu moralismo pode conduzir a reforçar essa visão. O problema é mais complexo.

Portador também de um acurado realismo prático que aponta num outro sentido, já, na organização da guerrilha, o vemos combinando proposições morais firmes com observações práticas de detalhe, condicionadas a cada exigência da luta. É significativa uma passagem em que discute a execução de bandoleiros que se haviam mesclado à guerrilha. Visivelmente tocado pela morte de dois componeses, cujo banditismo não era mais que o resultado das condições em que se haviam formado, o Che só justifica a aplicação da pena máxima pela impossibilidade prática de qualquer punição mais branda naquelas circunstâncias. E poderíamos citar outros exemplos, em questões mais prosaicas, onde esmiúça os aspectos mais diminutos dos problemas, fugindo de qualquer juízo de princípio abstrato.

Na construção da nova sociedade, ele procura também concretamente as formas de organização material que correspondem — e dão sustentação — às relações socialistas. Veremos isso mais tarde, ao analisarmos os problemas econômicos da transição.

Na própria organização do Estado, ao combater o burocratismo, ele procura também as raízes sociais dessa formação que sufoca as iniciativas das massas e impõe à sociedade o ritmo lento e impessoal da engrenagem estatal. E não fica na fácil acusação aos burocratas, como se fossem a encarnação do mal ou a origem diabólica desse pecado. Não, nenhum maniqueísmo. Vejam-se as razões que dá para que a herança do burocratismo capitalista seja renovada por novo burocratismo, no artigo "Contra o burocratismo": a falta de interesse do indivíduo para prestar um serviço ao Estado ou superar uma situação dada; a própria ausência de uma organização adequada, que termina por provocar uma complicada e irracional trama de ordens e postos conflitantes que giram no vazio; a ausência de conhecimentos para enfrentar eficazmente uma situação. O estudo, o aprendizado técnico e organizacional, devem aqui

acompanhar a educação política e o trabalho ideológico.

De qualquer maneira, o fundamental em sua argumentação é que não há mudança impessoal das estruturas; que uma alteração real das estruturas sócio-economicas, mesmo sendo determinante, não antecede a alteração cultural e ideológica, mas tem de ser concomitante. Sem homens motivados já por novos valores, a alteração estrutural será apenas formal.

Aí então os revolucionários devem atuar com a força do exemplo. Em suas contínuas alocuções aos jovens ele ressalta sempre o sentimento do dever em relação à sociedade e, ao mesmo tempo, a revolta permanente contra toda a injustiça, sem nenhum servilismo ante os aparelhos dirigentes.

"Discutir e pedir explicações sobre tudo que não esteja claro. Declarar guerra a todo tipo de formalismo. Permanecer sempre aberto às novas experiências, para conformar a grande experiência da humanidade..."

("O que deve ser um jovem comunista".)

Os progressos reais em direção ao comunismo não se medem simplesmente pelo aumento dos bens produzidos e repartidos, mas, fundamentalmente, pela profundidade do controle que os trabalhadores adquirem sobre o conjunto da produção e da vida social (e, conseqüentemente, pela superação da divisão entre o trabalho manual e o intelectual). Por isso o aspecto determinante será o avanço na participação coletiva, decisória e consciente a partir desses novos valores.

Um dos temas centrais do Che nesse campo consiste nas características do trabalho na nova sociedade, na superação do seu caráter de mercadoria. Uma característica essencial do trabalho liberado é o fato de que ele deixa de ser um meio para assegurar a mera sobrevivência, para tornar-se a própria expressão da vivência, a contribuição pessoal pela qual o indivíduo se exprime e se reconhece enquanto tal. O Che enfatizava esse aspecto e, através das campanhas de trabalho voluntário, procurava dinamizar essa tendência.

É verdade que a promoção do "trabalho liberado" depende da eliminação da força de trabalho enquanto mercadoria, o que por sua vez supõe um longo processo que só se pode realizar em escala mundial. Mas essa constatação não o leva a uma atitude de espera. Analisando a situação de Cuba, Guevara constatava a sobrevivênca "de aspectos coercitivos no tra-

Guevara em Santa Clara, dezembro de 1958.

“No momento em que for necessário, estarei disposto a entregar a minha vida pela liberdade de qualquer um dos países da América Latina, sem pedir nada a ninguém...”

balho, mesmo no voluntário”, através do fenômeno da coerção moral. Ou seja, o “trabalho voluntário” aparecia como um *sacrifício* que os indivíduos se impunham pelo ambiente externo de pressões ideológicas. Como reagir ante esse fato?

Sua resposta é expressivamente insatisfatória. Ele constata a insuficiente consciência dos indivíduos com relação às “novas características do trabalho”, mas não chega a examinar como, naquelas condições, e *em que medida* o trabalho já apresentava realmente essas “novas características”. Em que medida a sobrevivência de aspectos coercitivos se devia à falta de consciência e ao fato de que os trabalhadores não eram ainda senhores de seu trabalho?

É certo que o fato de a produção não se destinar mais ao lucro privado dava já ao trabalho um significado diferente daquele que tem nas sociedades capitalistas. E os trabalhadores que viam seu trabalho servir para uma distribuição mais igualitária, podiam dar-se conta desse fato. Mas se queremos ir à raiz, aquela transformação de que falava Marx (e que Guevara cita) pela qual o trabalho aparece como verdadeira expressão social humana, só se dá na medida em que os trabalhadores dirijam efetivamente esse processo. E dessa perspectiva, não deixa de chamar a atenção a ausência, nos textos deixados pelo Che, de referências a toda problemática das instituições da democracia operária.

Essa lacuna pode ser expressão dos seus traços fundamentais de voluntarismo revolucionário e de realismo prático. Expliquemo-nos. Ela não pode ser interpretada por alguma hipotética recusa sua em relação às forças de participação popular, por alguma concepção totalitária e burocrática do socialismo, já que, como vimos, suas preocupações vitais apontam precisamente em sentido oposto. Todo o seu empenho se dirige para a participação consciente de todos numa obra gigantesca de libertação social. Ao que parece, é a particular junção em Guevara do voluntarismo com o realismo que explica o modo pelo qual pretende desenvolver os novos valores comunistas.

Seu realismo: ele constata a fragilidade das organizações populares naquele momento e a grande distância existente entre a consciência da pequena vanguarda e a das grandes massas. E o que mais teme é a institucionalização de organismos burocráticos de mediação que terminem por produzir o efeito contrário ao desejado: romper o vínculo direto e espontâneo entre as massas e seus dirigentes.

Seu voluntarismo: diante do exemplo cotidiano dado por esses dirigentes (que renovam seu idealismo ante cada desafio colocado à revolução), essa massa — que já mostrou sua disposição em várias ocasiões, não só na luta contra Batista, mas também ao combater a invasão de Playa Girón e na edificação do país — poderá elevar rapidamente seu nível de organização e consciência.

Voluntarismo porque não se apóia na dinâmica de comportamentos sociais produzidos por uma forma particular de organização. Não é por casualidade que nos processos históricos em que se colocaram formas de intervenção dos trabalhadores nas decisões políticas e econômicas, apareceram organismos do tipo dos conselhos ou comitês, operários e populares. Sem o impulso a essas formas de organização, que permitam a direção coletiva do processo produtivo, as referências a um "trabalho liberado" permanecem ao nível dos exemplos individuais e do chamamento moral. Eles têm certamente sua eficácia, mas reduzida como todo moralismo. Seria injusto pensar que o Che permaneceu apenas nesse nível — já vimos que não — mas o fato é que não se assentou firmemente numa outra problemática.

À Guisa de Balanço

(...) Ernesto "Che" Guevara marcou profundamente um momento *per se* decisivo na história política contemporânea. Na América Latina, a vitória da revolução cubana — que já alterou todo o quadro político do continente — se fez acompanhar de uma crise geral nos diferentes aparelhos ideológicos e políticos (o Estado, a Igreja, a Universidade, os partidos) com mudanças radicais nos sistemas políticos. E mesmo além da América Latina, lembremos que acontecimentos de vulto transformam também o panorama internacional: a revolução cultural chinesa, os confrontos decisivos na guerra do Viet-Nam, a irrupção de maio de 68 na França e os movimento similares em vários outros países de capitalismo avançado, a experiência de Dubcek na Checoslováquia.

Nesse momento crucial de grandes transformações, o Che apareceu como crítica viva ao objetivismo que dominara o marxismo por várias décadas. Não é assim por acaso que sua imagem estivesse presente nas manifestações de 68 em Paris, Roma, Frankfurt, Tóquio. E que grupos revolucionários tenham-se constituído na América Latina, Alemanha, Ceilão, tomando-o como referência.

Num período de crise, em que as instituições vigentes — mesmo aquelas que pretendiam canalizar as oposições — mostram-se incapazes de expressar as forças sociais em movimento, o pensamento e a prática de Guevara revalorizam a iniciativa individual, o valor do exemplo, a rebeldia. Vários de seus temas centrais apresentam assim significativas similitudes com temas centrais da revolução cultural chinesa: o questionamento das burocracias estatais e partidárias, o estímulo à conformação de uma nova ideologia, a crítica ao determinismo econômico. No bojo da crise do mundo capitalista manifesta-se também a crise das instituições "socialistas".

Foi um tempo breve? Em alguma medida sim, mas como todo tempo de crise ele marca rupturas com um período passado. Já se disse que o mundo não seria mais o mesmo após a derrota americana na Indochina, maio de 68, a revolução cultural chinesa e, finalmente, a irrupção de uma crise profunda no movimento comunista internacional.

Na América Latina, o fluxo revolucionário marcado pela referência ao Che já se extinguiu. Suas teses de incidência mais imediata passaram por duras provas e sua morte — quando estava quase isolado na selva boliviana — apressou o fim dos organismos, como a OLAS (Organização Latino-americana de Solidariedade), que pretendiam dar projeção concreta geral às suas iniciativas políticas. No correr dos anos 70 processa-se uma reorientação das tendências políticas. Os movimentos populares tomaram outras vias de contestação à ordem vigente. A própria Cuba, frente aos impasses da vaga revolucionária, reacomoda-se no plano internacional e busca uma institucionalização interna em muitos pontos bastante diferentes das proposições guevaristas. E é significativo que aquele que procurou sistematizar as teses do Che de modo mais polêmico — Régis Debray, em *Revolução na revolução?* — também tenha efetuado uma ampla autocrítica num balanço geral através de sua obra *A crítica das armas*.

O voluntarismo revolucionário enfrentou seus limites. Mas mostrou também seu porte. Sustentando esse voluntarismo através de uma disciplina férrea de todas as suas energias para a concretização dos meios necessários à sua política, o Che desafiou todos os cânones e as estruturas vigentes. O rigor no conhecimento e na aplicação das leis que regem a ação do "pequeno motor" da vanguarda política se chocou contra o "grande motor" dos movimentos sociais e instituições políticas mais amplas. Essa lacuna no pensamento de Guevara lhe foi fatal, se pensamos em sua biografia. Mas se pensamos na projeção dos problemas que levantou e para os quais formulou proposições — o conservadorismo dos aparelhos políticos, a fusão das vanguardas militantes com os movimentos de massa, a necessidade da transformação ideológica radical para impulsionar as transformações revolucionárias, vemos que seus

> “O verdadeiro revolucionário é movido por grandes sentimentos de amor.”

impasses são ainda os que permanecem.

Obras de Guevara

Trata-se de uma seleção. Pode-se encontrar o conjunto dos escritos de Guevara em *Ernesto Che Guevara — Obras.* 1957-1967, editadas pela Casa de las Américas.

1959 — “Guerra y población campesina”

“Proyecciones sociales del Ejército Rebelde”

1960 — “Notas para el estudio de la ideología de la Revolución cubana”

La guerra de guerrillas

1962 — “Cuba: excepción histórica o vanguardia en la lucha anticolonialista?”

“La influencia de la Revolución cubana en América Latina”

“Táctica y estrategia de la Revolución latinoamericana”

“Qué debe ser un joven comunista”

“El cuadro, columna vertebral de la Revolución”

1963 — “Guerra de guerrillas, un método”

“Pasajes de la guerra revolucionaria”

“Contra el burocratismo”

“Consideraciones sobre los costos de producción como base para el análisis económico de las empresas sujetas a sistema presupuestario”

1964 — “Sobre el sistema presupuestario de financiamiento”

“La banca, el crédito y el socialismo”

"La planificación socialista, su significado"

"Una actitud nueva frente al trabajo"

"Cuba, su economía, su comercio exterior, su significado en el mundo actual"

1965 — "El socialismo y el hombre en Cuba"

Discurso no Seminário Econômico de Argel

1967 — "Mensaje a los pueblos del mundo a través de la Tricontinental"

Diario en Bolivia

(Extraído do livro *Che Guevara* (Política), Eder Sader (organizador), Editora Ática, São Paulo, 1981.)

Che Morreu como Queria: Lutando

Analdino Rodrigues Paulino*

El Che — Ernesto Guevara de la Serna —, filho de Ernesto Guevara Lynch e Célia de la Serna, nasceu em Rosário, Argentina, a 14 de junho de 1928 e foi assassinado no dia 9 de outubro de 1967, no povoado boliviano de Higueras, aos 39 anos de idade.

Desde jovem, foi grande leitor. De literatura (Baudelaire, Lorca, Antonio Machado e Pablo Neruda, tendo este último o influenciado muito) à política e filosofia.

Ainda adolescente, Che percorreu de bicicleta todo o Norte e Oeste da Argentina, num total de 4.700 km. Quando já era universitário, viajou por quase toda a América Latina, usando de moto a balsa, ao lado de seu amigo Alberto Granados. Para pagar as despesas de viagem, trabalharam como carregadores, lavadores de prato, marinheiros e médicos, o que já revelava sua coragem, espírito de independência e desprezo pelo perigo. Foi, a partir dessa viagem, que começou a sentir e a se expressar como um latino-americano e não apenas como argentino, quando viu o desamparo, a exploração e a miséria

---

**Analdino Rodrigues Paulino é editor das Edições Populares — São Paulo.*

Che: um homem de idéias e também um homem de ação

como traço característico do nosso continente.

Em 1953, quando concluiu o doutorado em Medicina, rumou para Venezuela, onde ficara seu amigo Granados, para trabalhar na pesquisa da lepra. Durante a viagem, quando se encontrava na Bolívia, conheceu o advogado argentino Ricardo Rojo que estava refugiado naquele país, por sua atividade política antiperonista. Rojo lhe faz um convite decisivo: "Para que queres ir à Venezuela, um país que só serve para ganhar dólares? Vem comigo à Guatemala, porque ali vai ter lugar uma verdadeira Revolução Social".

Che desembarcou na Guatemala a 24 de dezembro de 1953, acompanhado de Rojo e do Dr. Eduardo Garcia, também exilado argentino. Na Guatemala, o presidente Jacobo Arbenz Guzmán desenvolvia um governo Revolucionário, do que Che participou através do Instituto Nacional da Reforma Agrária.*

Em 1954, um golpe militar, organizado pelos Estados Unidos e dirigido pelo coronel Castillo Armas, derrubou o governo de Arbenz. Todas as tentativas de resistência fracassaram, inclusive a de Che, que tentou organizar um grupo, mas nada conseguiu.

Ernesto Guevara foi, então, para o México, onde chegou a 21 de setembro de 1954. Ali conheceu Hilda Gadea Acosta, que se tornou sua companheira e com quem teve uma filha, além de tê-lo influenciado decisivamente em sua formação política. Entretanto, na Guatemala, ele já havia se convencido "da necessidade de lutar com armas nas mãos e passar à ofensiva".

O Encontro com Fidel

Nos primeiros tempos do México, Che desempenhou diversos trabalhos, como fotógrafo ambulante nas praças públicas e vendedor de livros da Editora Fundo de Cultura Econômico.

Através de concurso, passou a trabalhar no maior hospital do país, como médico de doenças alérgicas, chegando a pensar em uma cátedra universitária. Foi nesse hospital que conheceu o paciente Raúl Castro. E em julho ou agosto de 1955, Raúl o leva ao apartamento de Maria Antônia, uma espécie de albergue dos cubanos refugiados, para conhecer Fidel Castro. É o próprio Che que relata: "Conheci Fidel em uma daquelas frias

---

(*) Folha de São Paulo. 25/01/9/80. Vide pág. 16.

noites mexicanas e recordo que nossa primeira discussão versou sobre política internacional. Conversamos toda a noite e, ao amanhecer, já era o médico de sua futura expedição".

Às duas horas da madrugada, do dia 25 de novembro de 1956, o iate Grana zarpou do porto mexicano de Tuxpán, com 83 jovens a bordo. "Valia à pena morrer numa praia estrangeira por um ideal puro", decidiu Che.

Para Fidel, Guevara foi uma das figuras mais surpreendentes da façanha cubana, como também seu primeiro e grande cronista. "Um dos mais admirados, dos mais amados e, sem dúvida alguma, o mais extraordinário de nossos companheiros de Revolução". E, ironicamente, Che havia sido declarado inapto para o serviço militar pelo exército argentino.

Durante a Revolução Cubana, onde os Revolucionários desenvolveram uma das lutas mais dignas que se conhece, Che cuidava dos guerrilheiros feridos e dos soldados inimigos, com a mesma dedicação.

Em plena luta, na Sierra Maestra, criou o jornal *El Cubano Libre*, para transmitir informações da guerrilha e as idéias que a animava.

Quando a Revolução triunfou, Fidel deu a Che cargos de grande responsabilidade, como a Presidência do Banco Nacional, para estabilizar a grave situação das dívidas contraídas pelo ditador Fulgêncio Batista; posteriormente assumiu o Ministério das Indústrias, onde estabeleceu salários e condições dignas de trabalho, dando também início aos incentivos morais, conseguindo aumentar a produtividade da fábricas e a satisfação dos operários. Mais tarde, recebeu a incumbência de coordenar e de incrementar as indústrias recém-nacionalizadas, num quadro absolutamente adverso, quando a pequena nação era fustigada e boicotada pelo imperialismo.

Em todas as funções que desempenhou, Che sempre colocou o homem em primeiro plano, tudo era dicidido a partir do social. Ele procurava que o conjunto da sociedade agisse sobre cada um de seus membros e que, ao mesmo tempo, o indivíduo contribuísse para o conjunto da consciência social. Sobre a construção da economia cubana, Che manteve importantes debates com grandes economistas, como Bettelheim, Mora e Fernández Font.*

(*) Veja o volume 8 das Obras Completas de Che: Textos Econômicos para a transformação do Socialismo.

“O alicerce fundamental da nossa obra é a juventude.”

Uma de suas primeiras atitudes, ao assumir sua parcela de poder, foi proibir investigações e perseguições ideológicas. As investigações somente deveriam ser realizadas quando o cidadão manifestasse seu desejo de ingressar no Partido.

Grande escritor, Che Guevara era um repórter do seu tempo; em seu livros, mostra a saga dos guerrilheiros cubanos e discute teorias políticas, econômicas e sociais com a maior objetividade possível, para que pudesse ser entendido por qualquer de seus companheiros ou trabalhador.

Representando o governo cubano, Che viajou por diveros países do Terceiro Mundo, constatando que os problemas dos subdesenvolvidos eram semelhantes na África, Ásia e América Latina: a espoliação imperialista dos países desenvolvidos, sobretudo dos Estados Unidos. No Brasil, Che esteve em 1961, sendo condecorado com a Ordem do Cruzeiro do Sul pelo Presidente Jânio Quadros.

Após a constituição do Governo Revolucionário, o povo cubano achava que Che logo iria deixar a Ilha para lutar em outros países. Mas a Revolução necessitava de sua contribuição e ele ficou, sendo um exemplo de trabalhador abnegado, herói da reconstrução. Seis anos depois, quando a revolução já havia passado pelo seu batismo de fogo, quando as fábricas e os campos já produziam regularmente, Che se foi. Escolheu a Bolívia, umas das mais sofridas e espoliadas de nossas pátrias. Embora sendo o segundo homem mais poderoso de Cuba, em 1965, abandonou o poder e a segurança de uma Revolução vitoriosa e partiu para o risco de novas guerrilhas, tendo lutado no Congo Belga de agosto de 1965 a março de 1966, ao lado dos guerrilheiros de Pierre Mulele e Gastón Soumilat, contra os mercenários brancos de Moses Chambe.

Num discurso na ONU, a 11 de dezembro de 1964, Guevara dizia: "Nasci na Argentina, isso não é segredo para ninguém. Sou cubano e sou argentino e, se não se ofenderem as ilustríssimas senhorias da América Latina, sinto-me tão patriota da América Latina, de qualquer país da América Latina, como o maior deles, e o momento em que for necessário, estarei disposto a entregar a minha vida pela libertação de qualquer um dos países da América Latina, sem pedir a ninguém..."

Ao partir para a Bolívia, escreve uma carta de despedida a seus filhos, em que diz:

"Seu pai é um homem que age como pensa e, é claro, foi leal com suas convicções..." Tinha 5 filhos, um do seu primeiro casamento, com Hilda Gadea Acosta e 4 com Aleida March de la Torre, professora e sua companheira na Sierra de Escambray, com quem se casou pela segunda vez.

Aos pais, escreveu: "Muitos me julgarão aventureiro, e o sou; só que de um tipo diferente, dos que arriscam a pele pra defender suas verdades".

E, para seu companheiro Fidel Castro, escreveu, ao se despedir:

"Se me chegar a hora definitiva sob outros céus, meu último pensamento será para este povo e especialmente para ti. Agradeço aquilo que me ensinaste e teu exemplo, ao qual tentarei ser fiel até as últimas conseqüências dos meus atos."

Bolívia: O Último Combate

Em novembro de 1966, Che chegou de La Paz, com documentos falsos, com o nome de Adolfo Mena, Enviado Especial da OEA, para realizar um estudo sobre As Relações Econômicas e Sociais Vigentes no Campo Boliviano. A credencial foi fornecida pela Direção Nacional de Informações da Presidência de República. Nessa oportunidade, Che se apresentava bastante calvo e sem barba. Seu roteiro de viagem até La Paz incluiu Praga, Frankfurt, São Paulo e Mato Grosso.

O movimento guerrilheiro da Bolívia recebeu ajuda financeira, entre outros, de Cuba, Sartre e Bertrand Russel, que recolheram dinheiro nos meios intelectuais. Após onze meses de luta e uma série de peripécias, as guerrilhas foram dizimadas pelos "Boinas Verdes Quíchuas", tropa de elite do exército boliviano, treinada pelos Estados Unidos especialmente para esse fim.

Che foi ferido na tarde do dia 8 de outubro de 1967, às 13:30, aproximadamente. Atingido em várias partes do corpo, orientou seus captores na colocação de torniquetes para estancar as hemorragias. Em seguida, foi levado para Higueras, lugarejo a 12 km do estreito canal do Rio Yuro, onde aconteceu sua última batalha. Deixaram-no abandonado, sem nenhuma assistência, numa sala vazia da escola local. Após 24 horas e numerosas consultas chega a ordem: Che Guevara deve morrer.

O capitão Gary Prado Salgado — chefe da companhia de rangers do 2º regimento, que o capturou — dispara-lhe nas costas uma rajada de metralhadora, de cima para baixo. O coronel Andrés Selnich, comandante da 3º Grupo Tático, superior hierárquico do primeiro dá-lhe o tiro de misericórdia, com uma pistola de 9 mm. A bala atravessa-lhe o coração e o pulmão.

Está morto o símbolo da guerrilha na América Latina, que se achou mais útil ao seu povo servindo à causa da Revolução Internacional que à da Medicina.

A extinta TV Tupi foi a única emissora de televisão no mundo a filmar o corpo de Che. A equipe da TV estava em Valegrande, em virtude de problemas com o carro que a transportava, a caminho de Camiri, onde haveria o julgamento de Régis Debray, companheiro de Che — hoje Debray é Ministro francês, Assessor para Assuntos Relativos à América Latina — que havia sido preso, quando chegou a notícia da morte de che. Filmaram a chegada do helicóptero — que trazia o corpo do guerrilheiro amarrado na sua parte exterior — o povo que o esperava e em seguida sua autópsia, realizada num casebre que servia de necrotério ao Hospital Senhor de Malta, em Valegrande. No entanto, num período de dificuldades econômicas da emissora, estas imagens foram apagadas para a gravação de um capítulo da novela Beto Rockfeller. As cenas só não se perderam para sempre porque a UPI havia adquirido uma cópia nos dias dos acontecimentos.

"Um Ernesto Che Guevara magro, de barba rala, olhos muito abertos e um sorriso estranho nos lábios mortos", lia-se no Jornal da Tarde de 11 de outubro de 1967.

Logo após mostrarem o corpo aos poucos jornalistas que conseguiram chegar a tempo ao local, arrancaram-lhe o dedo indicador da mão direita — não se sabe para quê — e incineraram seu corpo, pois temiam uma peregrinação ao seu túmulo.

Em 1971, Fidel Castro tentou trocá-lo por prisioneiros cubanos, mas a Bolívia se recusou a negociar.

O intelectual e jornalista cubano, Roberto Fernández Retamar, escreveu: "Che é um homem superior, que é nosso orgulho e nossa vergonha, porque nos lembra, a todo instante, o que é ser um homem e o que somos nós os homens."

Fidel disse: "De Che nunca se poderá falar no passado."

O carisma de Che é uma realidade em todos os países do mundo, onde seu rosto aparece impresso em bandeiras de protestos, posters, livros, chaveiros, camisetas, numa repercussão jamais alcançada por nenhum líder político em toda a História — na sua morte, não houve poeta ou cantor que não lhe tenha dedicado seus versos ou canção. Foi amado, chorado e cantado em todo o mundo, numa demonstração de carinho só conseguida, talvez, por grandes ídolos da música jovem, em reconhecimento ao grande homem que sempre soube ser, ainda que isso não signifique, necessariamente, apoio às suas idéias e à sua forma de luta.

(Extraído do livro *Meu Amigo Che*, Ricardo Rojo, Traço Editora, São Paulo, 1968.)

CHE GUEVARA
CRONOLOGIA

Tempo de Che

(Realizado pelo Departamento de Consulta e Referência da Biblioteca Nacional José Martí, de Havana).

Comandante guerrilheiro

Mais que uma nota, mais que um bilhete, mais que uma lembrança. Uma inspiração um compromisso e uma ação.

Você é o comandante guerrilheiro, aquele que conheceu a Sierra cubana. Você entendeu que Revolução era mais, que era começar de novo. Você renunciou a uma história em linha reta, a viver num presente que deixava para trás um passado presente em outras terras. Você rompeu a história pessoal para viver a história dos povos. Você decidiu voltar ao início porque você viu que o início não tinha acabado. Você é o comandante guerrilheiro.

A América guarda teu corpo e respira teu hálito. Você estará presente mais do que nunca em cada vida, em cada ação. Você é, a partir de agora, todo o esforço sincero, o sintoma de liberdade verdadeira. A América vive a tua vida a partir de hoje e a cada vez é o nosso compromisso, comandante guerrilheiro.

1928 — *14 de junho*. Nasce na cidade de Rosário. Argentina. Seus pais: Ernesto Guevara Lynch, empreiteiro de obras, e Célia de la Serna. Foram cinco irmãos: Che, o mais velho; Célia, arqui-

O sorriso do guerrilheiro, num momento de descontração.

teta; Roberto, advogado; Ana Maria, arquiteta e Juan Marín, desenhista de arquitetura. A família teve uma situação econômica boa, mas com altos e baixos, devido às crises.

1930 — Aos dois anos, aparece a asma, doença que o afetará a vida inteira.

1934 — A família Guevara-Serna transfere-se para a província de Córdoba e vai morar em Alta Gracia (serra de Córdoba).

1941 — Começa os estudos para o bacharelado, em Córdoba. Amizade com Alberto Granados.

1941-1944 — Enquanto continua seus estudos, interessa-se pelo esporte, o *rugbi* em particular. Granados conta que jogava na segunda divisão do Clube Atlético Atalaya. "Foi um arriscado jogador de *rugbi* e foram famosas a sua intrepidez e a falta absoluta de medo (...) As vezes saía do campo para aplicar-se inalador. A asma o angustiava".

Gosta de longos passeios pelo campo com outros companheiros e se interessa pela vida cotidiana de camponeses e peões. Leitor incansável da ampla biblioteca paterna. Seus poetas preferidos: Baudelaire e Neruda. Gosta de declamar seus poemas.

Começa a inquietá-lo a política em seu país e participa nas mais radicais manifestações estudantis:"... era audacioso, tinha uma falta total de medo ao perigo e uma grande segurança em si próprio e independência nas opiniões". (Fernando Barral).

1945 — A família Guevara transfere-se para Buenos Aires, onde fixará residência.

1945-1951 — Matricula-se na Faculdade de Medicina de Buenos Aires. "Todos pensávamos que, por seus conhecimentos e facilidade para as matemáticas, o Ernesto se dedicaria à engenharia, nos surpreendeu..." (Granados).

Alterna seus estudos com trabalho voluntário em um Instituto de Pesquisas Alérgicas. É estudante medíocre, e a cada ano fica alguma matéria sem aprovar. Muitas inquietudes dividem sua inteligência alerta.

Durante as férias de inverno (junho-setembro) fazia longas viagens. Uma vez percorreu numa bicicleta todo o norte e o oeste argentinos. Andou pelos vales de Calchaquíes e os Andes, passou por Tucumán e por Mendoza, por Salta, por Jujuy e por la Rioja. Total: mais de 4.700

km. A bicicleta é pra Che algo mais do que um meio de transporte: é a educação da vontade e a paisagem em dimensão humana.

"Em outro ano trabalhou num barco de frota mercante. Foi uma cômoda, viagem mas não o agradou; apenas quatro dias numa ilha descarregando petróleo, quinze dias de ida e quinze dias de volta". (Constenla, J. Quando Ernesto Guevara ainda não era Che, numa entrevista com dona Célia de la Serna de Guevara. Revista Bohemia, 27 de agosto, 1961).

1951 — *29 de dezembro.* Começa uma viagem de moto com Granados, propondo-se visitar diversos países da costa do Pacífico. Granados conta assim algumas das peripécias da viagem:

"Não resta a menor dúvida de que esta viagem não teria sido tão útil e proveitosa como foi, com experiência pessoal, se a moto tivesse resistido.

"(...) pouco antes de chegar a Santiago (Chile), quando ainda não havíamos percorrido nem a oitava parte do que queríamos conhecer, negou-se (a moto) a continuar andando e com muita dor a trancamos na barraca de campanha, a deixamos num cantinho e continuamos a viagem a pé. Isto nos deu facilidade para conhecer o povo. Fizemos trabalhos de todo o tipo para ganhar dinheiro e continuar viajando. Assim, transportamos mercadorias, carregamos sacos em balsas, lavamos pratos, fomos marinheiros, viajamos clandestinamente e fomos médicos.

1952 — *Janeiro-junho.* Permanência no Peru. Depois de diversas perambulações, dirigem-se ao leprosário de San Pablo, privíncia de Iquitos, à beira do Amazonas. "Ali, continua dizendo Granados, trabalhamos num laboratório e fizemos psicoterapia tentando distrair os leprosos, jogando futebol com eles, acompanhando-os em excursões pela vizinhança, vendo os índios, tomando parte numa caçada de macacos, distraindo os doentes. O fato de que os *dois doutores* fossem capazes de perder seu tempo junto com eles, nossas demonstrações de afeto e carinho, os encheram de gratidão (...) construíram uma balsa para que atravessássemos o Amazonas completando um percurso de vários quilômetros (...) para poder chegar a Letícia, onde conflui o Amazonas com três países: o Brasil, Peru e Colômbia". Os leprosos organizaram uma emocionada despedida aos jovens viajantes.

“Muitos me chamarão de aventureiro e o sou, só que de um tipo diferente: dos que entregam a pele para provar suas verdades.”

21 de junho. Guevara e Granados embarcam na balsa construída pelos leprosos para atravessar diagonalmente o Amazonas durante dois dias e meio para chegar a Letícia, na Colômbia. Ali, sem recursos, hospedam-se no quartel. Para poder continuar organizam um jogo de futebol”... aproveitando o entusiasmo pelos futebolistas argentinos (...) no campeonato que foi realizado o nosso time ganhou e isso permitiu que nos facilitassem uma viagem de avião até Bogotá”.

Na Capital da Colômbia são detidos imediatamente pela polícia do ditador Laureano Gómez. A situação fica impossível para eles e estudantes amigos os aconselham a abadonarem imediatamente o país.

14 de julho. Dirgem-se de ônibus de Bogotá para Cúcuta, por onde entram na Venezuela. Em Caracas encontram um amigo da família de Guevara que trabalha no transporte por via aérea de cavalos de corrida. Che decide aproveitar a oportunidade para retornar a Buenos Aires e completar o curso de medicina. Tem onze matérias a completar.

Fim de julho. Chega a Miami no avião que transporta cavalos. Precisa esperar um mês até que se realize a venda. Em Miami freqüenta a biblioteca pública e se alimenta com um café com leite diário até travar amizade com o proprietário de uma lanchonete, que lhe facilita algum alimento. Quase tem dificuldades com um agente do FBI.

1953 — *Março.* Forma-se em medicina, em Buenos Aires, com uma tese sobre alergia.

Terminados seus estudos, é convocado pelo Serviço Militar Obrigatório, mas os médicos militares o declaram incapacitado para o serviço ativo.

Decide regressar a Caracas para reunir-se com Granados, que trabalha agora no leprosário de Cabo Blanco.

Outono. "Com dois ou três companheiros tomou o trem que vai de Buenos Aires até La Paz, 6.000 km de viagem. Um trem que pára em todas as estações. Uma coisa terrível. Depois atravessamos o lago Titicaca, onde estivéramos na viagem anterior, e ele seguiu pelo litoral, pois tinha certa pressa em chegar à Venezuela". (Granados).

Em Guaiaquil encontra o advogado portenho Ricardo Rojo, que tinha fugido espetacularmente do cárcere de Perón e se asilara na embaixada da Guatemala, para onde, em companhia de um diplomata desse país, se dirigia agora.

O encontro com Rojo será decisivo na vida de Che. Quando conta a ele seu propósito de seguir para Caracas para reunir-se e trabalhar com Granados, Rojo responde: "Mas Guevara, como é que você vai para Venezuela, um país que só serve para juntar dólares? Vem comigo para a Guatemala, onde está sendo feita uma verdadeira revolução social". (Granados).

24 de dezembro. Chega à Guatemala na companhia de Rojo e de outro asilado argentino, o doutor Eduardo García.

1954 — *Janeiro-junho.* "Na Guatemala passa por momentos difíceis. Não lhe permitem exercer a profissão. Torna-se vendedor ambulante e percorre o interior do país" (Julio Roberto Cáceres Valle).

Trava amizade com Ñico Lópes e outros cubanos que lhe falam de Fidel, do assalto ao Moncada, da luta contra a tirania de Batista.

O Che na Guatemala, contava Nico López, "andava com os sapatos esburacados — em parte por fora em parte por dentro".

Quando se realizou a invasão mercenária de Castillo Armas

contra o regime de Jacobo Árbenz, Che pede que o deixem combater no front, mas não teve oportunidade, entra então para as milícias e patrulha as ruas da cidade. Estavam com ele os cubanos de 26 de julho.

"Nunca ocupei cargos (no governo de Árbenz), mas quando se realizou a invasão norte-americana tentei formar um grupo de homens como eu para enfretar os aventureiros da United Fruit. Na Guatemala era preciso brigar e quase ninguém brigou. Era preciso resistir e quase ninguém resistiu". (Che, ao jornalista argentino Jorge Ricardo Masetti. Sierra Maestra, abril, 1958).

Agosto. Quando as tropas mercenárias entram na cidade da Guatemala, procura asilo na embaixada argentina.

Setembro. "Daí — comenta Che — fugi para o México, quando já os agentes do FBI estavam detendo e mandando matar diretamente todos os que iriam representar um perigo para a United Fruit. Na terra asteca, tornei a encontrar-me com alguns elementos do 26 de julho e travei amizade com Raúl Castro". *(Entrevista a J.R. Masetti, Sierra Maestra, abril, 1958).*

Escreve seu primeiro artigo político: Eu vi a queda de Jacobo Árbenz.

Outubro-dezembro. México. "El Patojo não tinha dinheiro nenhum e eu alguns pesos, comprei uma câmara fotográfica e juntos nos dedicamos à tarefa clandestina de tirar fotos nos parques, em sociedade com um mexicano que tinha um pequeno laboratório onde revelávamos os filmes. Conhecemos toda a cidade do México andando de ponta a ponta para entregar as fotos ruins que tirávamos, lutando com todo tipo de clientes para convencê-los de que realmente a criança fotografada estava muito bonita e valia a pena pagar um peso mexicano por essa maravilha. Com este ofício conseguimos comer durante vários meses, pouco a pouco fomos abrindo passagem (...)" (Sierra Maestra: da Guerrilha ao Poder, Edições Populares.)

1955 — Consegue trabalhar como médico no Hospital Central da Cidade de México, sala de alergia.

Verão. Casa com a economista peruana Hilda Gadea.

Reúne-se freqüentemente com Ñico Lópes, Raúl Castro e outros cubanos revolucionários.

Alterna seu trabalho profissional e as apaixonadas reuniões revolucionárias com o estudo sistemático do marxismo-leninismo.

No início da Revolução, em plena floresta, Che é o 2º da direita para a esquerda, Fidel é o 4º.

"Tinha lido completamente Marx e Lênin, toda uma biblioteca marxista, tinha um pensamento marxista claro..."

1956 — *Janeiro-maio.* Freqüenta com assiduidade os cubanos revolucionários e na casa de María Antonia, Raúl Castro o apresenta a seu irmão.

"Bati papo com Fidel uma noite inteira e, ao amanhecer, já era o médico de sua futura expedição. Na realidade, depois da experiência vivida através das minhas caminhadas pela América Latina, e dos acontecimentos da Guatemala, não fazia falta muito tempo para incitar-me a participar de qualquer Revolução contra um tirano, mas Fidel me impressionou como um homem extraordinário.

As coisas mais impossíveis ele enfrentava e resolvia. Tinha uma fé excepcional em que se fosse para Cuba ia chegar, chegando lá ia brigar e que brigando ia ganhar". (In: Sierra Maestra...)

Junho. É detido pela polícia mexicana em um barraco próximo da capital, onde, reunido com outros revolucionários cubanos, treinava sob a direção do Comandante Bayo para a guerra de guerrilhas.

25 de junho. Seu nome aparece pela primeira vez na imprensa cubana, junto com o de outros revolucionários, ligados aos preparativos de Fidel no México.

25 de novembro. No rio Tuxpán embarca a bordo do iate Granma, que traz junto com Fidel, 82 revolucionários para libertar Cuba.

2 de dezembro. O Granma chega à vista do litoral cubano e o desembarque é feito em Belic, praia de Las Coloradas. Durante toda a travessia sofre horrivelmente de asma, agravada pela constante tontura.

4 de dezembro. "Demoramos várias horas para sair do pântano (...) Ficamos em terra firme à deriva; escorregando, constituindo um exército de sombras, de fantasmas que andavam como perseguindo algum mecanismo psíquico. Tinham sido sete dias de fome e de tonturas constantes durante a travessia, somados a mais três dias horríveis em terra... " (In: Sierra Maestra...)

5 de dezembro. "De madrugada, depois de uma marcha noturna interrompida pelos desmaios e as fadigas e os descansos da tropa, alcançamos um ponto conhecido paradoxalmente pelo nome de Alegría do Pío (...) Às quatro horas daquela tarde (...) tive a desagradável impressão de receber nas minhas carnes o batismo simultâneo de fogo e de sangue". (In: Sierra Maestra...)

20 de dezembro. Che, Almeida e o pequeno grupo sobrevivente conseguem reunir-se com Fidel. Eram ao todo dezessete homens os que restavam do desembarque do Granma.

1957 — *17 de janeiro.* Ataque a La Plata. Primeira vitória do Exército Rebelde.

"Surpreendemos um posto do exército com doze a quinze homens, que se renderam depois de uma hora de luta. Naqueles momentos, uma hora de luta era uma hora de terríveis sofrimentos (...) Fidel e eu, exímios atiradores com mira telescópica, tínhamos setenta balas cada um, 25 fuzis automáticos, 15 fuzis de ferrolho..." (Ibid.)

22 de março. Combate e vitória em Palma Mocha com a participação de Che. (Revista Verde Olivo).

27-28 de maio. Combate até a vitória em El Uvero. "Esta briga foi a mais encarniçada de todas quantas foram realizadas ao longo da guerra; dos 120 a 140 homens que participaram, quarenta ficaram fora de combate..." (Ibid.)

Che, embora designado médico da tropa rebelde, participa no combate. "Como médico, recebi sete feridos que ficaram a meu encargo..."

5 de junho. Che é nomeado comandante da Quarta coluna. (Na realidade, a segunda, a primeira é a que comandava o próprio Fidel).

"Me senti o homem mais orgulhoso da terra. O símbolo da minha nomeação, uma pequena estrela, que foi dado por Célia..."

30 de agosto. Participa no combate de El Hombrito.

16 de setembro. Combate em Pino del Agua.

29 de novembro. Dirige as operações de Mar Verde contra as tropas de Sánchez Mosquera. Durante o combate cai mortalmente ferido Ciro Redondo.

1958 — *16 de fevereiro.* Segundo combate em Pino del Agua.

9 de abril. Fracassa a greve geral revolucionária tentada em Havana e outras cidades.

24 de maio. Partindo de Las Mercedes, as tropas de Batista, com 10.000 armas de todo tipo, iniciam a ofensiva contra as posições rebeldes em Sierra Maestra.

Junho-julho. "... em dois meses e meio de dura batalha, o inimigo perdeu mais de mil homens entre mortos, feridos, prisioneiros e desertores. Deixou em nossas mãos seiscentas armas (...) e além disso enorme quantidade de parque e equipamentos de todas as classes e 450 prisioneiros (...) O exército de Batista saiu com a espinha dorsal quebrada desta última ofensiva sobre Sierra Maestra, mas ainda não estava vencido". (Ibid.)

A vida se organiza nos territórios libertados, Che dispõe de meios de ação novos para ele; Fernández Mell informa: "Uma parte do trajeto até Las Villas nós fizemos de jipe e, como estava chovendo, o caminho era muito ruim e Che pegava os atalhos com muita disposição, mas pouca experiência, e só me dizia: quando chegarmos, vou te contar uma coisa. E efetivamente, quando descíamos, me disse que era primeira vez que dirigia". (A Serra... a invasão... Las Villas, Granma, 28 de novembro de 1967. In: Sierra Maestra...)

21 de agosto. Ordem Militar. Encomenda-se ao comandante Ernesto Guevara a missão de conduzir de Sierra Maestra até a província de Las Villas uma coluna rebelde e operar no mencionado território de acordo com o plano estratégico do Exército Rebelde.

A Coluna nº 8 destinada a esse objetivo, levará o nome de Ciro Redondo, em homenagem ao Heróico capitão rebelde morto em ação e elevado postumamente à categoria de comandante.

A coluna nº 8 "Ciro Redondo" partirá de las Mercedes entre o dia 24 e 30 de agosto.

Nomeia-se o comandante Ernesto Guevara chefe de todas as unidades rebeldes do Movimento 26 de julho que operam na província de Las Villas, tanto nas zonas rurais como urbanas e lhe são outorgadas faculdades para arrecadar e dispor em despesas de guerra, as contribuições que estabelecem nossas disposições militares, aplicar o Código Penal e a Leis Agrárias do Exército Rebelde no território onde operarem suas forças; coordenar operações, planos, disposições administrativas e de organização militar com outras forças revolucionárias que operarem nessa província, as quais deverão ser convidadas a integrar um único Corpo de Exército para reforçar e unificar o esforço militar da Revolução: organizar unidades locais de combate e nomear oficiais do Exército Rebelde até o posto de Comandante de Coluna.

A Coluna nº 8 terá como objtivo estratégico bater incessantemente o inimigo no território central de Cuba e interceptar até sua total paralisação os movimento de tropas inimigas por terra do Ocidente ao Oriente, e outros que oportunamente forem ordenados. Fidel Castro Ruz, Comandante-Chefe.

31 de agosto. "... iniciamos a marcha sem caminhões nem cavalos, esperando encontrá-los depois de atravessar a estrada Manzanillo-Bayamo. Realmente, ao atravessar encontramos os caminhões, mas também o 1º de setembro, um feroz ciclone que inutilizou todas as vias de comunicação a não ser a Rodovia Central (...) obrigando-nos a deixar de lado o transporte em veículos. Deveríamos utilizar a partir desse momento o cavalo ou andar a pé (...)

"Seguiram-se dias que já se tornavam perigosos apesar de estar no território amigo de Oriente; atravessando rios desbordantes, canais e córregos, lutando penosamente para impedir que molhasse o parque (...) Caminhávamos por díficeis terrenos alagados, sofrendo o ataque de nuvens de mosquitos que faziam insuportáveis as horas de descanso; comendo pouco e mal, bebendo água de rios pantanosos ou simplesmente de pântanos. Nossa jornadas começaram a dilatar-se e a tornar-se verdadeiramente horríveis.

"... entrando no lugar conhecido como La Federal, nossa vanguarda caiu em uma emboscada inimiga, morrendo dois valiosos companheiros..." (Che, Op. Cit.)

11 de setembro. Laguna Grande. As tropas comandadas por Che juntam-se com as de Camilo, que também se dirigem para Las Villas e Ocidente.

Setembro. "Continuamos avançando com melhores cavalos que Camilo nos deixa levando os caminhões, nas imediações do central Macareño.

"Nossa vanguarda depara-se com um grupo inimigo e começa a estafante batalha (...) O panorama, no dia seguinte, era menos desolador, pois apareceram diversos elementos que tinham ficado para trás e conseguimos reunir toda a tropa, menos dez homens que se juntaram a Camilo..."

Outubro. "Passamos os dias mais difíceis cercados nas proximidades do central Baraguá, em pântanos pestilenos, sem uma gota de água potável, atacados constantemente pela aviação (...) nossa situação era realmente desastrosa quando saímos a muito do cerco de Baraguá e chegamos à famosa via de Júcaro a Morón, lugar de evocação histórica (...) Quando a situação era mais tensa, uma única e longínqua visão animou os rostos e deu novo espírito à guerrilha. Essa visão foi uma mancha azul

no ocidente, a mancha azul do maciço montanhoso de Las Villas visto pela primeira vez por nossos homens".

A dez quilômetros de Sancti Spiritus a coluna faz contato com uma patrulha do Diretório. Faure Chaumón informa:

"... iam com seus uniformes e braceletes, mas mal armados com revólveres e escopetas, quando escutam uma voz que dá o "alto, quem chega". Oramas se atirou no chão detrás de um matagal, como os três homens que o acompanhavam (...) Gente boa e camponeses, respondeu. Do outro lado responderam; "camponeses não, pois vocês trazem armas, devem ser guardas".

Oramas, mais decidido, respondeu de novo: não, guardas não, somos os pessoal do Escambray, do Diretório 13 de março". A voz que lhe falava voltou a fazer-se escutar, dizendo: "venham para cá, nós somos o pessoal de Che". Oramas, desconfiado, insistiu: "bem, você nos viu e sabe que somos rebeldes. Vamos fazer uma coisa, eu vou sair para o caminho e faça você a mesma coisa para nos identificarmos". Assim foi a identificação. Oramas achou que o diálogo tinha sido com o Che, que estava lá, no que parecia uma avançada. O comandante Guevara mandou sair os homens do mato para que saudassem os companheiros e então disse: "Já podemos ficar tranqüilos vendo vocês, pois sabemos que já não podem nos alcagüetar na região". (Verde Olivo, 12-XII- 65, p. 12).

16 de outubro. A coluna Ciro Redondo chegou à serra Escambray. O comandante Fernández Mell, que foi um dos companheiros da épica jornada, escreve:

"... o grande mérito, o artífice, o construtor dessa façanha, foi sem sombra de dúvida o Chefe da Coluna, Ernesto Che Guevara, que com seu exemplo, sua direção, sua fé no triunfo, suas ordens sempre precisas e sua devoção no cumprimento da missão de Fidel, era a inspiração de todos: sua personalidade e a sua autoridade estavam sempre presentes nas mentes de todos nós, essa segurança que ele tinha e sabia transmitir e nos fazia sentir seguros ao mesmo tempo (...) quando alguém propunha subir para o norte, embora fosse preciso brigar com os soldados, ele sempre respondia que ainda não era o momento, que agora era preciso brigar com a natureza para chegar ao Escambray, e que quando estivéssemos lá teríamos tempo de fazê-lo. O tempo lhe deu a razão.

O descanso foi de mais três

(acima) Che e sua mulher Alcida.
(abaixo) Com seus pais.

dias, pois imediatamente fomos obrigados a seguir nosso caminho e colocar-se em campanha para impedir as eleições que iriam ser realizadas a 3 de novembro (...) O tempo era o curto e a tarefa enorme" (Ibid.)

21 de outubro. Encontro de Che com os chefes das guerrilhas do Diretório em El Algarrobo; contra Faure Chaumón:

"Che parou no lugar em que tínhamos uma escola para crianças camponesas (...) Quando chegamos (...) todos descansavam no chão formando um círculo em volta da escola. Era um belo espetáculo (...) diante dos nossos olhos apareciam com as roupas e sapatos rasgados, mas conservando intata a presença combativa de revolucionários.

"Che ficou de pé para cumprimentar, servindo-nos o gesto para identificá-lo. Apertamos as mãos e falamos. Perguntamos porque não se tinha acomodado com seus homens dentro da escola, ao que ele nos respondeu que a escola estava muito bonita e que não queria que ficasse desarrumada..."

(Sierra Maestra: da Guerrilha ao Poder).

26 de outubro. Ataque e tomada do quartel de Guinia de Miranda.

Novembro: "Os dias anteriores à data das eleições foram de extraordinária atividade, nossas colunas se mobilizaram em todas as direções, impedindo quase totalmente a afluência às urnas dos eleitores dessa região". (Che, Idid.)

Novembro. Oltuski o viu nesses dias. "Che distribuiu charutos. Eram toscos, seguramente feitos na região por algum guajiro. Aspirei o fumo forte e amargo; senti um calor no corpo e uma ligeira tontura. Ao meu lado, Che fumava e tossia com uma tosse úmida, como se estivesse todo molhado por dentro. Cheirava mal. Cheirava a suor em decomposição. Era um cheiro penetrante que eu combatia com a fumaça do charuto". (Oltuski, Gente da Planície).

Novembro. "... fomos fechando gradualmente as estradas (...) a ilha ficou dividida em duas partes (...) os sintomas de decomposição do inimigo aumentavam". (Che, Ibid.)

15-18 de dezembro. Ataque e tomada da cidade de Fomento. "A partir de 16 de dezembro, as destruições sistemáticas das pontes e de todo tipo de comunicação tinham colocado a ditadura em situação difícil para defender suas posições avançadas, inclusive as da estrada Central".

23 de dezembro. Ataque e tomada da cidade de Cabaiguán, sobre a estrada Central.

"Durante essa mesma noite, quando já tínhamos limpado o povoado, e o inimigo se tinha concentrado no quartel, pulando o muro de uma casa Che cai, fica ferido na testa e sofre fratura do cotovelo esquerdo. Engessado, fez o resto da campanha de Las Villas dessa forma, sendo preciso trocar-lhe duas ou três vezes o gesso". (Fernández Mell, Op. Cit.)

25 de dezembro. Ataque e tomada da cidade de Placetas.

25 de dezembro. Libertação da cidade de Remedios e Caibarién, na costa norte de Las Villas.

28-31 de dezembro. Batalha de Santa Clara.

"Quando saímos da sala de operações onde era atendido Vaquerito, nesse momento entrava Che. Quando nos perguntou mais com os olhos do que com as palavras, manifestei minha opinião. Embora respirasse, estava totalmente descentrado. Não lembro exatamente se ele entrou para vê-lo ou não, mas me disse, dando um ligeiro pontapé no chão do vestíbulo da clínica: Nos mataram cem homens". (Fernández Mell, Op. Cit.)

1º de janeiro. Tomada de Santa Clara.

2 de janeiro. A coluna de Che entra em Havana e toma a fortaleza de La Cabaña.

16 de janeiro. Havana. Primeiro discurso pronunciado depois do triunfo da Revolução, no ato em sua honra organizado pelo Colégio Médico (Revolução).

9 de fevereiro. Por lei da Revolução é declarado cidadão cubano por nascimento, segundo o precedente estabelecido para Máximo Gómez.

11 de fevereiro. Havana. Aparece pela primeira vez na TV no programa Comentários Econômicos.

1º de maio. Santiago de Cuba. Pronuncia o discurso resumindo o ato comemorativo.

2 de junho. Casa em segundas núpcias com sua companheira de luta na serra de Escambray, Aleida March.

13 de junho— 5 de setembro. Representando o governo revolucionário, parte para um longo percurso pela África, e a Ásia que o levará até o Japão.

31 de julho. Jacarta, Indonésia. Entrevista concedida à imprensa durante a visita da delegação cubana (Revolução).

22 de agosto. Belgrado, Iugoslávia. Entrevista concedida à imprensa durante a visita da delegação cubana.

8 de setembro. Havana. Comparece na televisão para comunicar ao povo suas impressões de viagem. Pela primeira vez os cubanos têm uma visão nítida e global do subdesenvolvimento e da pilhagem do Terceiro Mundo pelo imperialismo.

7 de outubro. Em reunião do INRA presidida pelo comandante Fidel Castro, anuncia-se a nomeação de Che para chefiar o Departamento de Indústrias do INRA, sem por isso abandonar suas funções na FAR.

26 de outubro. Havana. Discurso pronunciado em ato ocorrido defronte ao Palácio Presidencial.

3 de novembro. Entrevista gravada e transmitida pela Rádio Rivadávia (Argentina).

26 de novembro. O Conselho de Ministros concorda em nomeá-lo Presidente do Banco Nacional de Cuba, com responsabilidade total pelas finanças do país.

27 de novembro. Discurso pronuciado no ato comemorativo do fuzilamento dos estudantes de medicina em La Punta (Havana, 1871).

Dezembro. Che começa a estudar matemáticas superiores. Salvador Vilaseca lhe explica a matéria todos os dias das sete às oito da manhã. Esse estudo será mantido metodicamente durante mais de três anos seguidos.

Dezembro. No transcurso do ano pronuncia 28 discursos ou conferências, 22 deles na cidade de Havana, 3 na província e 3 no exterior.

1960 — *1º de janeiro.* Santa Clara, Las Villas. A Universidade Central concede-lhe o título de Doutor Honoris Causa (Faculdade de Pedagogia).

28 de janeiro. Discurso pronunciado no ato em homenagem a Martí. Capitólio Nacional.

2 de março. Na praça Cadenas da Universidade de Havana pronuncia um discurso sobre "O papel da Universidade no desenvolvimento econômico de Cuba".

Perdido entre a massa de estudantes, o escuta outro argentino de corpo magro e mirrado e coração generoso: Ezequiel Martínez Estrada. Ainda sob a impressão da presença física de Che, Ezequiel escrevia:

"Falou com estilo tranqüilo, sem gesticular, sem ser patético na inflexão da voz, sem ênfases nem recursos oratórios. Falou com domínio do tema e seguro de si. Não se dirigiu a um auditório mas a uma família numerosa: simples, mas com dignidade (...) Logo o escutei mais com fervor do que com curiosidade, o confesso, e o admirei na sua atitude de tribuno do povo, douto e circunspecto como um patrício romano. A palavra cabe

> “Se você treme de indignação perante uma injustiça no mundo, então somos companheiros.”

perfeitamente na pessoa; pelo que ele diz, sabe-se o que ele é. Exteriormente a sua figura é a de um personagem bíblico que veste uma farda de faxina em vez de túnica; o cabelo e a barba intensos emoldurando um rosto de adolescente fatigado, os ombros altos e o torso achatado, sem nenhuma robustez corporal, e no entanto, resistente e possuindo força de comunicação, de domínio sobre os outros. Em tudo dá a impressão de poder mais que de força”.

1º de maio. Santiago de Cuba, Oriente. Discurso pronunciado no ato comemorativo das lutas do proletariado.

10 de julho. Havana. Discurso pronunciado diante do Palácio Presidencial.

21 de outubro. À frente de uma delegação comercial cubana realiza sua primeira viagem aos países socialistas; visita Tchecoslováquia, a URSS, a China e a RPD da Coréia.

1º de novembro. Concede entrevista aos jornalistas do Sovietskaya Rossia.

9 de dezembro. Moscou. Discurso pronunciado no ato oferecido no Palácio dos Sindicatos da URSS.

Dezembro. No transcurso deste ano pronuncia 26 discursos e conferências, das quais 16 na cidade de Havana, 6 na província e 3 no estrangeiro.

1961 — *6 de janeiro*. Aparece diante diante das câmaras de televisão para informar o povo do resultado da missão que Fidel confiara:

"É realmente um caso insólito nestes últimos tempos e nos anais do comércio exterior que todo um bloco de países tenha que trocar até seu tipo de produção para ajudar um país como o nosso; tão pequeno territorialmente, em habitantes, tão desprotegido diante do poderio norte-americano. No entanto, encontramos a melhor disposição em todos os países visitados".

23 de fevereiro. No Conselho de Ministros decide-se a criação do Ministério da Indústrias e a nomeação de Che para ministro do setor.

12 de abril. "O que é o subdesenvolvimento?

"Um anão de cabeça enorme e peito estufado é `subdesenvolvimento' em relação às suas pernas fracas ou seus braços curtos que não se articulam com o resto de sua anatomia; é o produto de um fenômeno teratológico, que lhe distorceu o desenvolvimento. É isso o que na realidade somos nós, os suavemente chamados de subdesenvolvidos, na realidade países coloniais, semi-coloniais ou dependentes. Somos países com a economia distorcida pela ação imperial que desenvolveu anormalmente os ramos agrícolas ou industriais necessários para complementar sua complexa economia. O subdesenvolvimento, ou o desenvolvimento distorcido, traz consigo perigosas especializações em matérias-primas, que mantêm a ameaça de fome para todos nossos povos. Nós, os subdesenvolvidos, somos também os da monoprodução, os da monocultura, os do monomercado. Um produto único cuja incerta venda depende de um mercado único que impõe e fixa condições, eis a grande fórmula da dominação econômica imperial. (Textos Econômicos para a Transformação do Socialismo, Edições Populares.)

15-20 de abril. Durante os dias da invasão mercenária a Playa Girón, o comandante Ernesto Che Guevara ocupa seu posto de combate nas FAR.

8 de agosto. Punta del Este (Uruguai). Discurso pronunciado como delegado de Cuba diante do Conselho Interamericano Econômico e Social (CIES).

9 de agosto. Punta del Este. Entrevista concedida à imprensa.

10-17 de agosto. Em Punta del Este, Uruguai, o comandante Guevara, em nome do Go-

Che visitando Lin-Shao-Chi, presidente da China Comunista, e ao lado de Ricardo Rojo, 1961.

verno Revolucionário, denuncia a suposta Aliança para o Progresso como uma manobra do imperialismo em seus propósitos neocolonialistas na América Latina.

18 de agosto. Che pronuncia um discurso no salão nobre da Universidade Nacional de Montevidéu. Entrevista-se em Buenos Aires com o presidente argentino Arturo Frondizi.

19 de agosto. Montevidéu (Uruguai). Entrevista concedida ao jornal El Popular.

23 de agosto. "Em Punta del Este, diz Che diante da televisão cubana, escutou-se pela primeira vez em uma conferência latino-americana uma voz que discordava...

"Qual é a causa de que o imperialismo tente abrir esta nova frente de 'reformas sociais' na América Latina, que tentou consolidar na Conferência de Punta del Este? O exemplo de Cuba é o fator determinante. Os sucessos econômicos, políticos e sociais de nossa Revolução lhes fizeram sentir que seu fim se aproxima a passos de sete léguas. Todo seu enredo ideológico e propagandístico cai por terra sem que ninguém possa evitar a derrubada inevitável".

(Por Uma Revolução Internacional, Edições Populares)

Agosto. Durante a viagem de volta de Punta del Este faz escala em Brasília e é condecorado pelo presidente Jânio Quadros, que elogia a obra da Revolução Cubana e seus pronunciamentos.

24 de setembro. Faz o resumo da Primeira Plenária de produção da Grande Havana.

27 de novembro. Resume o ato na escadaria da Universidade de Havana em memória dos mártires estundantes de 1871.

Dezembro. No transcurso do ano procunciou 38 discursos e conferências, 27 deles em Havana, 6 na província e 5 no estrangeiro.

1962 — "O que é que sente mais o indivíduo revolucionário sendo em definitivo o motor de todas as coisas? Sente o estímulo do dinheiro ou sente a satisfação de estar trabalhando onde ele gosta, reconhecido pelas pessoas que ele dirige, pela massa, pelos dirigentes e com possibilidades de superar-se e colocar uma parte de si próprio no trabalho de todos os dias? Eu não acredito que nós devamos considerar-nos seres especiais, e eu sei que todos nós ou a grande maioria, e por mim eu posso dar a certeza, não têm interesse de espécie alguma que não seja o de ver todos os dias como o país vai avançando em alguma coisa, inclusive às vezes desligados de coisas de ideologia lírica, de que o povo está melhor, que a pátria está se construindo ou que se está cumprindo com o dever". (Textos Políticos e Sociais, Edições Populares)

2 de fevereiro. Santa Clara, Las Villas. Discurso pronunciado no ato inaugural do curso acadêmico na Universidade Central.

8 de março. Anuncia-se oficialmente que faz parte da Direção Nacional das Organizações Revolucionárias Integradas (ORI).

15 de abril. Che encerra o Conselho Nacional da CTC em que se decidiu o início da emulação socialista em toda a nação.

"A Revolução tem que ser feita em ritmo violento; quem cansar tem o direito de ser um homem de vanguarda".

2 de maio. Havana. Entrevista com os delegados operários estrangeiros assistentes à celebração do 1º de Maio.

11 de maio. Havana. Conferência pronunciada no Salão Nobre da Universidade sobre "O papel dos estudantes de tecnologia no desenvolvimento industrial do país".

8 de junho. "É preciso defender a Revolução não apenas por seus fatos positivos e o lírico valor do povo frente ao imperialismo, mas porque nela temos empenhados o estômago e a pele". (Entrega de prêmios a operários destacados do trimestre).

Julho. Moscou. A revista *Tempos Novos* publica uma entrevista concedida a seu correspondente em Havana, Vladimir Listov.

27 de agosto. Segunda viagem à URSS presidindo uma delegação econômica.

7 de setembro. Retorna a Cuba procedente da URSS e da Tchecoslováquia.

Outubro. Durante a crise internacional do Caribe, Che ocupa seu posto de combate como chefe da província da Pinar del Río.

20 de outubro. "... A União dos Jovens Comunistas tem que definir-se com uma só palavra: vanguardas de todos os movimentos; os primeiros a estar dispostos para os sacrifícios que a Revolução requerer, qualquer que seja a índole destes sacrifícios; os primeiros no trabalho; os primeiros no estudo, os primeiros na defesa do país.

"... Estamos todos convalescendo desse mal chamado sectarismo.

"E a que levou o sectarismo? Levou à cópia mecânica, levou

às análises formais, levou à separação entre os dirigentes e as massas...

"... ainda não fomos capazes de dar ao trabalho seu verdadeiro conteúdo, não fomos capazes de unir o trabalhador ao objeto de seu trabalho; e ao mesmo tempo unir o trabalhador à consciência da importância que tem o ato criativo que realize a cada dia.

"... O jovem comunista não pode estar limitado pelas fronteiras de um território; o jovem comunista deve praticar o internacionalismo proletário e senti-lo como coisa própria (...) deve lembrar-se de que somos (...) o mesmo espelho que cada um de nós é individualmente para o povo de Cuba, e somos esse espelho para que nele se mirem os povos da América, os povos do mundo oprimido que lutam pela sua liberdade.

"... Companheiros, falar à juventude é uma tarefa muito grande. A gente sente-se nesse momento capaz de transmitir algumas coisas e sente a compreensão da juventude. Existem muitas coisas que eu gostaria de dizer sobre todos nossos esforços, nossos anseios, como, no entanto, muitos deles se esfalecem diante da realidade diária e como é preciso começar de novo; sobre momentos de fraqueza e como o contato com o povo, com os ideais e a pureza do povo, nos injeta novo fervor revolucionário". Discurso no segundo aniversário da integração das organizações juvenis. (Textos Políticos e Sociais)

7 de dezembro. Pronuncia no Cacahual o discurso em homenagem a Antonio Maceo, no anivesário da sua morte.

Dezembro. Durante o transcurso do ano pronuncia 25 discursos e conferências.

1963 — *Janeiro.* Chega a Havana Celia de la Serna para visitar seu filho, com quem percorrerá a ilha, visitando diferentes centros de trabalho.

9 de fevereiro. Encerra a Plenária Nacional Açucareira celebrada em Camagüey.

(Sobre a Emulação) "... É preciso ter a consciência de que não é um simples jogo, de que é uma arma que tem um fim; o do desenvolvimento da consciência de todo o povo sobre a necessidade do trabalho produtivo em si para criar maiores riquezas e usá-las bem ..." (Textos Econômicos...)

9 de fevereiro. Camagüey. Entrevista filmada para a televisão canadense nos canaviais do Central Ciro Redondo.

4-13 de fevereiro. Dirige uma cortadeira de cana nos campos do Central Ciro Redondo, trabalhando doze horas diárias consecutivas para comprovar pessolmente as características da máquina.

1º julho. Sai rumo à Argélia para representar o Governo Revolucionário nos atos comemorativos do primeiro aniversário da independência do país.

3-17 de julho. Percorre Argélia em visita oficial.

Julho. Argélia. Entrevista concedida a Jean Daniel, de L'Express, de Paris.

13-16 de julho. Assiste, representando Cuba, ao Seminário Internacional sobre planejamento que se celebra na Argélia.

1º de agosto. Havana. "As guerras de libertação constituem um catalisador da consciência coletiva. Em qualquer país subdesenvolvido existe uma classe que é mais esbulhada, que não é o operário industrial. É o operário agrícola, o camponês (...) Esse é o maior fermento revolucionário". Resposta a uma peganta dos estudantes norte-americanos que visitam nosso país. (Textos Políticos e Sociais).

29 de setembro. Encerra o primeiro encontro dos estudantes de arquitetura. (Vide Textos Políticos e Sociais, Edições Populares).

8-10 de Novembro. Percorre as zonas afetadas pelo ciclone Flora, em Camagüey.

20 de dezembro. Pronuncia as palavras de encerramento da semana de solidariedade com o Vietnã do Sul.

Dezembro. Durante o transcurso do ano pronuncia 26 discursos e conferências, das quais cinco na província e dois no estrangeiro.

1964 — *16 de janeiro.* Assina um protocolo de Ajuda Técnica entre Cuba e a URSS.

Janeiro. Concede uma entrevista ao jornalista italiano Gianni Corbi. (I niños malos em L'Express, 26 de janeiro de 1964).

15 de fevereiro. Visita de surpresa a Biblioteca Nacional José Martí. Percorre todos os departamentos, detendo-se na Coleção Cubana.

25 de fevereiro. Havana. Fala na TV sobre a "Necessidade do desenvolvimento das indústrias. Como age essa política sobre o pleno emprego, automatização e mecanização".

17 de março. Parte para Genebra, Suíça, presidindo a delegação de Cuba à Conferência da ONU sobre Comércio e Desenvolvimento.

20 de março. Chega a Genebra.

25 de março. Pronuncia um importante discurso.

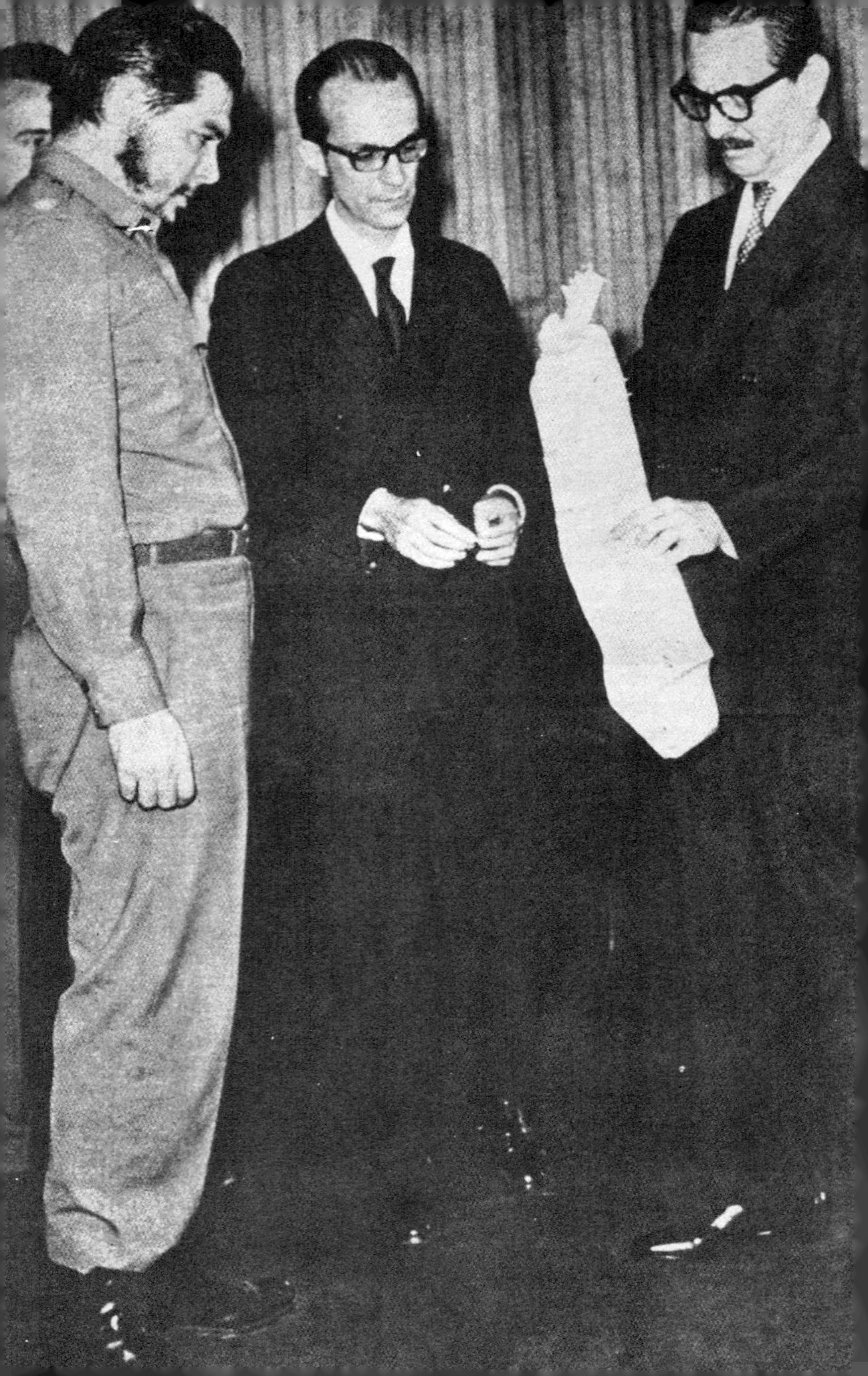

1º de abril. Entrevista coletiva com a imprensa para oitenta correspondentes estrangeiros, onde amplia e comenta os pronunciamento de Cuba na Conferência.

Abril. Genebra. Entrevista concedida a "Economia Mundial e Relações Internacionais", órgão do Insitituto de Economia Mundial e Relações Internacionais da Academia de Ciências da URSS (Nº 5, 1964).

11 de abril. Genebra. Entrevista concedida à TV suíça a propósito da Conferência Mundial sobre Comércio e Desenvolvimento, que é celebrada no Palácio das Nações.

13 de abril. Parte de Genebra para Argélia, via Praga.

18 de abril. Chega de volta a Havana.

28 de abril. Reunião com os responsáveis provinciais do Ministério das Indústrias.

11 de Maio. Encerra o seminário sobre a Juventude e a Revolução, no Ministério da Indústrias.

26 de junho. Resume o ato em homenagem aos cortadores de cana do Ministério das Indústrias.

"O trabalho voluntário irá aprofundando a consciência de todos os trabalhadores, e nisto se interessam especialmente os administrativos, pois é a única maneira de que eles mergulhem nos problemas".

25 de julho. Inaugura a INPUD, a maior das fábricas construídas até esse momento pelo MININD.

15 de agosto. Recebe das mãos de Félix Arnet Silveira, uma insígnia e um certificado de trabalho comunista por haver cumprido mais de 240 horas de trabalho voluntário no semestre. Momentos antes ele entregara a esse trabalhador o atestado de trabalhador mais destacado, com 1. 600 horas voluntárias.

4 de novembro. Parte para Moscou à frente da delegação cubana para assistir aos festejos do 47º aniversário da Revolução de Outubro.

Novembro. Moscou. Entrevista concedida ao correspondente do jornal El Popular, de Montevidéu.

Novembro. Moscou. Entrevista concedida aos redatores da Agência "Novosti", revista Tempos Novos e "Rádio Moscou".

19 de novembro. Retorna a Havana.

30 de novembro. Na homenagem de recordação dos caídos na insurreição de Santiago de 30 de novembro de 1956, pronuncia palavras premonitórias:

"... hoje existe um novo espírito em todo o país, uma nova

Jânio Quadros condecora Guevara com a Ordem do Cruzeiro do Sul.

alegria reconquista para todos os cubanos e, ainda, a sensação nova e a cada dia repetida de serem os que forjaram a sua própria liberdade, de tratar a liberdade como uma coisa própria e conquistada, como alguma coisa que se ganhou com suour e com sangue, com a luta ininterrupta e a satisfação sempre crescente de que o nome de Cuba percorre os campos da América e percorre também os campos de outros países do mundo que lutam por sua liberdade, significando sempre a mesma coisa: a imagem do que se pode conseguir por meio da luta revolucionária, a esperança de um mundo melhor; a imagem pela qual vale a pena arriscar a vida, sacrificar-se até a morte nos campos de batalha de todos os continentes do mundo, e essa é a nossa glória, e dessa glória participam particularmente a província de Oriente e a cidade de Santiago de Cuba".

9 de dezembro. Parte rumo a Nova Iorque para assumir o cargo de presidente da delegação cubana na Assembléia Anual da Nações Unidas.

11 de dezembro. Intervenção no plenário da XIX Assembléia Geral das Nações Unidas, expressando o pensamento do líder da Revolução Cubana — comandante Fidel Castro —, colhido na doutrina internacional do Governo Revolucionário.

14 de dezembro. Nova Iorque. Aparece no programa Face the Nation, da TV norte-americana (CBS), onde repete os pronunciamentos feitos em nome do Governo Revolucionário diante da Assembléia das Nações Unidas. Responde também a pergunta dos jornalistas ianques.

Hottelet: Comandante Guevara, você é provavelmente o mais importante expoente da guerra de guerrilhas no Hemisfério Ocidental e você disse que os problemas da Revolução na América Latina serão resolvidos com balas antes que com valor (...)

Che: Em primeiro lugar (...) eu não sou o expoente máximo das guerrilhas neste Hemisfério. Eu diria que esse expoente seria Fidel Castro, líder de nossa Revolução e que tem o papel mais importante em nossa Revolução, e que tem o papel mais importante na direção da luta revolucionária e na estratégia do governo cubano".

17 de dezembro. Sai de Nova Iorque para Argélia, via Canadá a Irlanda.

19-25 de dezembro. Permanência na Argélia: é recebido

calorosamente, visita diversas entidades e pronuncia diversos discursos e alocuções.

26 de dezembro - 2 de janeiro. Permanência da República de Mali, onde se entrevista com seus principais dirigentes e concede entrevistas a diversos jornalistas, tanto nacionais quanto estrangeiros.

Dezembro. No transcurso do ano pronuncia 30 discursos e conferências, nove deles em Havana, dez na província e onze no exterior.

1965 — *2-7 de janeiro.* Permanência em Brazzville. É recebido pelo presidente Massemba-Debat, grande amigo de Cuba.

8-14 de janeiro. Permanência na Guiné; em Conakry é esperado presidente Sekou-Touré, de quem é hospede.

15-22 de janeiro. Durante a sua permanência em Gana realiza diversas entrevistas em Acra com o presidente Nkhrumah. Visita diversas entidades, entre as quais o Instituto Ideológico Kwame Nkhrumah. Declara à imprensa que seu périplo africano "tem como objetivo estreitar os laços de Cuba com os países progressistas do continente (...) nossos conhecimentos sobre a África são escassos".

23-24 de janeiro. Permanência em Porto Novo, capital de Daomé.

25 de janeiro. Retorna à Argélia, procedente de Acra.

29 de janeiro. Em entrevista concedida ao jornal Argel Ce Soir faz o resumo de sua visita aos países africanos e acrescenta: "A África estava doente; agora está convalescendo, está sarando. Sua doença era o colonialismo, seu risco de recaída é o neocolonialismo".

8 de fevereiro. Passa 24 horas em Paris.

12-18 de fevereiro. Chega a Dar-es-Salã, Capital da Tanzânia, em visita oficial de cinco dias. Antes de deixar Dar-es-Salã declar à imprensa:

"Depois de completar meu circuito por sete países africanos, estou convencido de que é possível criar uma frente comum de luta contra o colonialismo, o imperialismo e o neocolonialismo".

19 de fevereiro. Chega ao Cairo procedente de Dar-es-Salã.

20 de fevereiro. Regressa à Argélia, onde deve assitir às sessões do II Seminário Econômico da Organização da Solidariedade Humana.

24 de fevereiro. Discurso no Seminário Econômico da Argélia (vide Textos Econômicos para a Transformação do Socialismo, Edições Populares.)

3-12 de março. Permanência na RAU. Percorre as principais instalações industriais e tem diversas oportunidades para dirigir-se aos trabalhadores egípcios.

14 de março. Regressa a Havana na companhia do capitão Osmani Cienfuegos. Esperam por ele no aeroporto de Boyeros: Fidel, Darticós, sua esposa Aleida March, os dirigentes nacionais do PURSC Carlos Rafael Rodríguez e Emilio Aragonés. Também se encontram presentes os ministros Jesús Montané e Orlando Borrego.

20 de abril. O comandante Fidel Castro, terminando sua última jornada no corte de cana no Central Noel Fernández, Camagüey, e, respondendo a perguntas dos representantes da imprensa estrangeira sobre o paradeiro de Che, declara:

"O único que posso dizer-lhe do comandante Guevara é que sempre estará onde mais útil seja para a Revolução e que as relações entre ele e eu são ótimas. São como nos primeiros tempos em que nos conhecemos, pode-se dizer que muito melhores. Creio que a sua viagem pela África foi muito proveitosa para ele. Esteve tambem na China por ocasião da visita de uma delegação nossa. Ele é multifacético. Tem uma compreensão extraordinária. É um dos dirigentes mais completos". (Hov, 20 de abril, pág. 6).

28 de setembro. No V aniversário da criação do Comitês de Defesa da Revolução (CDR) celebrado na praça da Revolução, diz o comandante Fidel Castro:

"... falaremos ao povo do companheiro Ernesto Guevara. Os inimigos colocaram em circulação muitas especulações e muitos boatos, em ocasiões confusas, em outras tentando confundir, às vezes semeando a insídia, se ele está aqui, se ele está lá, se está vivo, se está morto. E nós vamos ler um documento do companheiro Ernesto Guevara que explica sua ausência nestes meses". (Revolução, 29 de setembro, 1965, pág. 4)

3 de outubro. No ato de apresentação do Comitê Central do Partido Comunista de Cuba, antes de Fidel ler a carta de despedida de Che:

"Existe uma ausência em nosso Comitê Central, de que possui todos os méritos e todas as virtudes necessárias no mais alto grau para pertencer a ele e que, no entanto, não aparece entre os membros do Comitê Central.

"À volta disso, o inimigo pode tecer mil conjecturas; o inimigo tentou confundir e semear a cizânia e a dúvida, e pacientemente posto que era preciso esperar, esperamos.

"... E assim, os agourentos, os intérpretes, os especialistas nos problemas de Cuba e as máquinas eletrônicas trabalharam incessantemente para desvendar esse mistério. Se Ernesto Guevara tinha sido expurgado, se Ernesto Guevara estava doente, se Ernesto Guevara se tornara um dissidente e coisas no gênero.

"Naturalmente que o povo tem confiança, o povo tem fé. Mas os inimigos se valem dessas coisas, sobretudo no exterior, para caluniar; eis o regime comunista tenebroso, terrível, os homens desaparecem, não deixam sinais, não deixam marcas, não há uma explicação; e nós dissemos oportunamente ao povo, quando o povo começou a notar essa ausência, que oportunamente falaríamos, algumas razões devíamos ter para esperar.

"Nos desenvolvemos num meio rodeado pelas forças do imperialismo. O mundo não vive em condições normais...

(Havana, 1º de abril)

(Extraído do livro *Che Guevara — Por uma Revolução Internacional,* Edição Comemorativa 20º Aniversário da morte do Che, Edições Populares, São Paulo, 1987).

Da Guerrilha do Poder

Uma Revolução que Começa

(Primeira parte de "Uma Revolução que Começa", publicado em o Cruzeiro, em 16 de junho, 1º de julho e 16 de julho de 1959).

A história da agressão militar que se consumou a 10 de março de 1952 — golpe incruento dirigido por Fulgêncio Batista — não começa, naturalmente, no mesmo dia da quartelada. Seria preciso procurar seus antecedentes muito antes na história de Cuba: muito antes da intervenção do embaixador norte-americano Sumer Welles, no ano de 1933; antes ainda da Emenda Platt, do ano de 1901; antes do desembarque do herói Narciso Lópes, enviado direto dos axionistas norte-americanos, até chegar à origem do tema nos tempos de John Quincy Adams, que no início do século dezenove anunciou a constante da política de seu país o que diz respeito a Cuba: uma maçã, que, desmembrada da Espanha, devia cair fatalmente nas mãos do Tio Sam. São elos de uma longa corrente de agressões continentais que

Che viajou por países do 3º mundo defendendo-os da espoliação dos países imperialistas.

não se exercem apenas sobre Cuba. Esta maré, este fluir e refluir do marulho imperial, caracteriza-se pelas quedas de governos democráticos ou pelo surgimento de novos governos diante dos brios incontíveis das multidões. A história tem características parecidas em toda a América Latina: os governos ditatoriais representam uma pequena minoria e sobem por golpes de estado; os governos democráticos de larga base popular sobem trabalhosamente e, muitas vezes, antes de assumir o poder, já estão estigmatizados pela série de concessões prévias que precisaram fazer para manterse. E, embora a Revolução Cubana, marca, nesse sentido, um exceção em toda a América, era preciso apontar os antecedentes de todo este processo, pois quem isto escreve, levado e trazido pelas ondas dos movimentos sociais que convulsionam a América, teve oportunidade de conhecer, devido a estas causas, a outro exilado americano: Fidel Castro.

Conheci Fidel numa dessas noites frias do México, e lembro que nossa primeira discussão foi sobre política internacional. Poucas horas depois, naquela mesma noite — de madrugada — eu era um dos futuros expedicionários. Mas interessa-me esclarecer como e por que conheci no México o atual chefe do governo de Cuba. Foi no refluxo dos governos democráticos em 1954, quando a últimal democracia revolucionária americana que ainda estava de pé nesta área — a de Jacobo Arbenz Gusmán — sucumbia diante da agressão meditada, fria, levada a efeito pelos Estados Unidos da América do Norte, encoberta pela cortina de fumaça de sua propaganda continental. Sua cabeça visível era o secretário de Estado, Foster Dulles, que por estranha coincidência era também advogado e acionista da United Fruit Company, a principal empresa imperialista existente na Guatemala.

Dali regressávamos derrotados, unidos pela dor a todos os guatemaltecos, esperando, procurando a maneira de refazer o futuro para aquela pátria angustiada. E Fidel viera ao México buscando um terreno neutro para preparar seus homens para o grande impulso. Já se produzira um cisão interna, após o assalto ao quartel de Moncada, em Santiago de Cuba, separando-se todos desanimados, todos aqueles que por um ou outro motivo se incorporaram a partidos políticos ou grupos revolucionários, que exigiam menos sacrifícios. Já as novas promoções ingressavam nas novíssimas fileiras do chamado movimento 26 de Julho, data que marcava o ataque ao quartel de Moncada, em 1953. Começava uma tarefa duríssima para os encarregados de treinar esse pessoal, em meio à clandestinidade no México, lutando contra o governo mexicano, contra os agentes do FBI norte-americano e os de Batista, contra estas três combinações que se conjulgavam de um ou de outra maneira, onde tinha muita importância o dinheiro e se compravam pessoas. Além disso, era preciso lutar contra os espiões de Trujilio, contra a seleção ruim do material humano — especialmente em Miami — e, depois de vencer todas essas dificuldades, devíamos conseguir algo importantíssimo: sair... e, depois... chegar, e o resto, que, naquele momento, parecia-nos fácil. Hoje podemos medir o que aquilo custou em esforços, sacrifícios e vidas.

Fidel Castro, auxiliado por um pequena equipe de pessoas íntimas, entregou-se com toda a sua vocação e seu extraordinário espírito de trabalho à tarefa de organizar as hostes armadas que partiriam para Cuba. Quase nunca deu aulas de tática militar porque o tempo era curto para isso. Os outros conseguimos aprender bastante com o general Alberto Bayo. Minha impressão quase instantânea, ao escutar as primeiras aulas, foi a possibilidade de triunfo, que eu achava muito duvidosa ao aderir ao comandate rebelde a quem me ligara, de início, um laço de romântica simpatia aventureira e a convicção de que valia apena morrer numa praia estrangeira por um ideal tão puro.

Assim se passaram vários meses. Nossa pontaria começou a aperfeiçoar-se e surgiram os mestres atiradores. Achamos um barraco no México, onde sob a direção do general Bayo — estando eu como chefe de pessoal — fizemos os últimos preparativos para sair em março de 1956. No entanto, naqueles dias, duas divisões da polícia mexicana, ambas pagas por Batista, estavam caçando Fidel Castro, e uma delas teve a felicidade econômica de detê-lo, cometendo o absurdo erro também econômico — de matá-lo após prendê-lo. Muitos dos seus seguidores caíram em poucos dias; também caiu nas mãos da polícia o nosso barraco, localizado na periferia da cidade do México e fomos todos para a prisão.

Aquilo demorou o início da última parte da primeira etapa. Houve quem ficou na prisão 57 dias, contados um por um, com a ameçada perene de extradição sobre nossas cabeças (somos testemunhas, o comandante Calisto Garcia e eu). Mas em nenhum momento perdemos nossa confiança pessoal em Fidel Castro, pois Fidel tomou alguma atitudes que, quase poderíamo dizer, comprometiam sua atitude revolucionária em prol da amizade. Lembro que eu coloquei meu caso específico: um estrangeiro, ilegal no México, sobre quem pesava um série de acusações. Eu disse que de maneira nenhuma a Revolução deveria parar por minha causa e que podia me deixar; que eu compreendia a situação e que pretendia partir para a luta do lugar para onde fosse mandando e que o único esforço que deveria ser feito era para que me enviassem para um país vizinho e não para a Argentina. Também lembro a resposta de Fidel: "Eu não te abandono". E assim foi, porque foi preciso gastar tempo e dinheiro preciosos para tirar-nos da prisão mexicana. Essas atitudes pessoais de Fidel com as pessoas que ele preza são o segredo do fanatismo que ele cria à sua volta, ao qual acrescenta-se uma adesão de princípios, uma adessão pessoal, que faz desse Exército Rebelde um bloco indivisível.

Passaram-se os dias, trabalhando na clandestinidade, escondendo-nos onde fosse possível, fugindo das aparições em público, quase sem sair à rua. Depois de alguns meses, soubemos que havia um traidor nas nossas fileiras, cujo o nome não conhecíamos, e que vendera uma carga de armas. Sabíamos também que vendera o iate e um transmissor, embora ainda não estivesse pronto o "contrato legal" da venda. Esta primeira entrega serviu para mostrar às autoridades cubanas que, efetivamente, o traidor conhecia nossa intimidade. Foi também o que nos salvou, demonstrando-nos a mesma coisa. Uma atividade febril teve de ser desenvolvida a partir daquele momento: o Granma foi posto em condições com uma velocidades extraordinária; juntaram-se todos os mantimentos que conseguimos, bem poucos, na realidade, e fardamentos, rifles, equipamentos e dois fuzis anti-tanques quase sem balas. Finalmente, a 25 de novembro de 1956, começavam a tornar-se realidade as frases de Fidel que provocaram as zombarias da imprensa oficialista: "No ano de 1956 seremos livres ou seremos mártires".

Saímos, com as luzes apagadas, do porto de Tuxpan em

“O povo que compra, manda. O povo que vende, serve. Há que equilibrar o comércio para assegurar a liberdade. O povo que quer morrer vende a um só povo, e o que quer se salvar vende a mais de um.”

meio a um amontoado infernal de materiais de todo o tipo de homens. O tempo era muito ruim e, embora a navegação estivesse proibida, o estuário do rio estava calmo. Atravessamos a boca do porto e, pouco depois, acendíamos as luzes.

Começamos a procura frenética de anti-histamínicos contra enjôo, que não apareciam, cantaram-se os hinos nacional cubano e o de 26 de Julho, talvez durante cinco minutos ao todo, e depois o barco inteiro apresentava um espetáculo ridiculamente trágico: homens com angústia refletida no rosto, segurando o estômago. Uns com a cabeça enfiada dentro de um balde e outros caidos nas mais estranhas posições, imóveis e com as roupas sujas pelo vômito. Com exceção de dois ou três marinheiros e mais quatro ou cinco pessoas, o resto dos 83 tripulantes ficou com enjôo. Mas no quarto ou quinto dia o panorama geral aliviou-se um pouco. Descobrimos que a infiltração que o barco tinha não era isso, mas uma chave dos serviços sanitários aberta. Já tínhamos jogado fora as coisa desnecessárias para aligeirar o lastro. O roteiro escolhido comprendia uma grande volta pelo sul de Cuba, beirando Jamaica, as ilhas de

Gran Caimán até o desembarque em algum lugar próximo à vila de Niqueiro, na província de Oriente. Os planos cumpriam-se muito vagarosamente: no dia 30 escutamos pelo rádio a notícia dos motins que provocara em Santiago de Cuba nosso grande Frank País, achando que coincidiriam com a chegada da expedição. No dia seguinte, 1º de dezembro, á noite, colocávamos a proa em linha reta na direção de Cuba, buscando desesperadamente o farol de Cabo Cruz, já sem água, petróleo e alimentos. Às duas da manhã, numa noite negra de tormenta, a situação era inquietante. Iam e vinham os sentinelas procurando o facha de luz que não aparecia no horizonte. Roque, ex-tenente da marinha de guerra, subiu mais um vez a pequena ponte superior para tentar avistar a luz do Cabo e perdeu pé, caindo no mar. Pouco depois de recomeçar a marcha, já enxergávamos a luz, mas o asmático andar de nossa lancha fez interminável as últimas horas da viagem. Já de dia, entramos em Cuba pelo lugar conhecido como Belic, na praia de Las Coloradas.

Um barco de cabotagem nos viu, comunicando telegraficamente o achado ao exército de Batista. Assim que descemos, o mais rapidamente possível e levando o imprescindível, internamonos nos pântanos, quando fomos atacados pela aviação do inimigo. Naturalmente, andando pelos pantânos cobertos de mangues não éramos vistos nem hostilizados pela aviação, mas o exército da ditadura já estava no nosso encalço.

Demoramos várias horas para sair do pântano, onde a imperícia e a irresponsabilidade de um companheiro que dizia conhecer o local nos jogara. Ficamos em terra firme, à deriva, aos trancos e barrancos, constituindo um exército de sombras, de fantasmas que caminhavam como a seguir o impulso de algum obscuro mecanismo psíquico. Foram sete dias de fome e enjôo constantes durante a travessia, somados a mais três dias, terríveis, em terra. Aos dez dias exatos da saída do México, a 5 de dezembro, de madrugada, depois de uma marcha noturna interrompida pelos desmaios e o cansaços e os descansos da tropa, alcançamos um ponto conhecido paradoxalmente pelo nome de Alegria do Pio. Era um pequeno capão de mato, beirando um canavial de um lado e pelos outros aberto a umas obras, começando mais longe o mato fechado. O lugar não era bom para se acampar mas fizemos uma parada para passar o dia e recomeçar a marcha na noite seguinte.

Ás quatro horas daquela tarde, sem aviso prévio, sem que ninguém esperasse, ecoou o primeiro tiro, seguido de uma sinfonia de chumbo que se abateu sobre nossas cabeças, ainda não acostumadas a esse viril esporte. Saímos de lá de qualquer maneira, cada um por seu lado ou em grupos, e era inútil a voz de um chefe, sem contato com os capitães e mescladas as patrulhas. Lembro que o comandante Almeida me deu um empurrão por causa de minha pouca disposição para andar e, graças a sua voz imperativa, levantei-me e continuei a marcha acreditando estar nos últimos momentos de minha vida. Como numa imagem caleidoscópica, passavam homens gritando, feridos pedindo ajuda, combatentes escondendo os corpos detrás das magras canas de açúcar como se fossem troncos, outros apavorados pedindo silêncio com um dedo na boca em meio ao fragor da metralha e, derrepente, o grito tétrico: "Fogo no canavial".

Encabeçados por Almeida, pulamos uma cerca e corremos até o mato fechado. Marchamos até que a escuridão da noite e as árvores — que não nos permitiam ver as estrelas — nos fizeram parar, não muito longe do ponto de encontro.

Dormimos amontoados. Tudo estava perdido, menos as armas e os dois cantis que trazíamos Almeida e eu. Nessas condições marchamos durante nove dias de sofrimentos intermináveis, sem comer alimentos cozidos, mastigando ervas, um pouco de milho cru e até caranguejos que comeram os mais corajosos como Camilo Cienfuegos. Naqueles nove dias, nosso moral ruiu completamente e, desprezando os perigos, fomos comer numa cabana. Foi ali que alguns entregaram os pontos. As notícias eram ruins, por um lado, mas animadoras, por outro: ao rol de crimes de que nos acusavam, acrescentavam a nota de esperança: Fidel estava vivo. As arrepiantes narrativas dos camponeses levaram-nos a deixar as armas longas bem guardadas e tentar atravessar, somente com a ajuda das pistolas, uma estrada muito controlada. O resultado foi que muitas armas deixadas em custódia se perderam enquanto nos encaminhavamos ao lugar de Sierra Mestra onde estava Fidel. Aproximadamente quinze dias após os desastre, unimo-nos aos sobreviventes em condições de lutar daqueles 82 "náufragos" do Grama, como nos definiria o companheiro Juan

Manuel Márques. Eramos dezessete homens. A contagem das vítimas era dolorosa e extensa; o próprio Juan Manuel Márques; Nico Lopes — grande companheiro operário —; Juan Smith, capitão da vanguarda; Cândido Gonzales, ajudante de Fidel e companheiro revolucionário sem mácula. A lista era longa, quase constantemente engrossada por novos nomes que cumpriram com inteiresa a sentença de Fidel: "No ano de 1956 seremos livres ou seremos mártires". Ficava agora a responsabilidade nossa — quinze homens contados por Fidel Castro — de levantar a bandeira da insurreição e fazer valer a primeira parte daquela sentença — "seremos livres" —, em louvor aos mártires; àqueles que cairam e aos que foram caindo dia após dia em toda a Cuba, num holocausto incrível de sangue, sofrendo torturas ou assassinatos sem piedade alguma. Tão incrível quanto o fato de que nesse pequeno grupo, que ainda não se conhecia bem entre si, já se falasse em vitória, já se falasse em atacar.

Todos sentíramos o carinho sem restrições dos camponeses da região, que nos atenderam e levaram por meio de uma longa corrente clandestina até o ponto de reunião na casa do irmão de Crescencio Perez. Mas quem depositava mais fé no povo, quem demonstrou permentemente sua energia extraordinária de líder foi Fidel. Já naquelas noites, naquelas intermináveis noites — pois nossa atividade começava a cair ao sol — protegidos pelos matagais começávamos a traçar planos e mais planos; para agora, para um pouco mais tarde, para o triunfo. Eram horas felizes em que eu saboreava meus primeiros cigarros (aprendi a fumar para espantar certos mosquitos demasiadamente agressivos), até que entrou em mim a fragância da folha cubana, enquanto as projeções para o futuro sucediam-se vertiginosamente.

Foram passando os dias e, pouco a pouco, recrutavam-se gente. Chegavam os primeiros camponeses, as vezes desarmados, as vezes trazendo armas que nossos companheiros tinham abandonado em casas de amigos ou em canaviais, ao fugir. A pequena tropa contava com 22 fuzis quando se atacou La Plata, a 17 de janeiro de 1957, um mês e quinze dias após o desembarque. Aquele ataque deu a Cuba uma esperança de renascimento, ao saber-se de outras lutas em plena Sierra Maestra, embora fosse a insignificante ação de uma patrulha.

(acima) Guevara com Camilo.
(abaixo) No Brasil, no Aeroporto do Galeão, 1961.

Surpreendendo uma patrulha do exército, com doze a quinze homens, que se renderam após uma hora de luta. (Naquele momento, uma hora de luta era um hora de terrível sofrimento.) Fidel e eu, experientes atiradores de mira telescópica, tínhamos setenta balas cada um, 25 dos fuzis automáticos, 25 dos fuzis de ferrolho e 20 ou 30 para algumas metralhadoras. Com esse arsenal, tomamos o pequeno quartel de La Plata. Cinco dias mais tarde, apetrechados com uma dúzia de novas armas, obtidas naquele assalto, derrotamos a ponta da vanguarda de um destacamento destinado à nossa perseguição, a mando do então tenente Sánchez Mosquera, figura de sinistra lembrança. Ocorreu depois de um impasse provocado por um traidor que, das nossas fileiras, dava a posição ao inimigo e que por três vezes esteve a ponto de acabar conosco. (É interessante salientar que este sujeito tinha a missão pessoal de matar Fidel. Enrolado no mesmo cobertor, uma noite dormiu com ele, com uma pistola no cinto não teve coragem de fazê-lo, preferindo o sistema mais fácil de abandonar o acampamento, com qualquer pretexto, e levar as tropas até nossa posição. Foi descoberto na sua quarta intentona e justiçado. Mas já era muito o estrago realizado).

Por aqueles dias veio visitarnos o repórter Herbert Matthews, do *New York Times,* e o mundo foi informado — especialmente Cuba — com exatidão sobre a nossa permanência em Sierra Maestra e da certeza de que Fidel estava vivo. No entanto, de maneira nenhuma acabaram nossas preocupações e continuamos numa perigosa vida no topo dos morros inacessíveis, rodeados totalmente pelos soldados da ditadura e sem contar ainda com o apoio unânime do povo. Ainda muitos camponeses fugiam amedrontados diante de nossa presença, por medo das represálias do governo quando tinham notícias de algum contato, por mínimo que fosse, entre os habitantes da zona e nosso grupo.

Um mês depois, em meados de março. Já estava conosco um punhado de homens enviados de Santiago de Cuba por Frank País, que veio dar uma nova característica à Revolução. As aramas trazidas pelos novos incorporados não eram, absolutamente, extraordinárias, mas costituíram um esforço considerável para a coluna. Iniciamos então a marcha por regiões novas, escalamos pela primeira vez o Turquino, a montanha mais alta de Cuba, deixando lá sinais de nossa passagem, e continuamos, andando em duras jornadas ao longo de todo maciço de Sierra Maestra, até localizar-nos nas imediações das serrarias de Pinto del Agua e Babún.

Esperamos pacientemente a oportunidade propícia, que se apresentou a 28 de maio de 1957, quando conseguimos tomar o destacamento militar de Uvero, localizado na costa, onde desce quase verticalmente Sierra Maestra. Esta briga por Uvero foi a mais encarniçada de quantas se realizaram no curso da guerra: dos 120 a 140 homens que participaram, quarenta ficaram fora de combate; isto é, os mortos e feridos constituíram aproximadamente trinta por cento do total dos combatentes. E o resultado político da batalha foi extraordinário, por haver acontecido num dos poucos momentos que viveu a ilha — depois da invasão do Granma — em que não havia censura à imprensa. Em Cuba inteira falou-se do Uvero. E, apesar de todas as novas armas tomadas ao inimigo — cinqüenta fuzis e munição — sofremos sérias contingêncis. Como médico, fui responsável por sete feridos, com os quais ficamos escondidos em algumas cabanas, a certa distância do local do combate.

A coluna continuou sua marcha em direção aos acampamentos costumeiros, e nós nos incorporamos, no mês seguinte, com os feridos já em boas condições. Depois da reincorporação fui nomeado comandante de outro agrupamento, a que demos o nome, por razões táticas, de Quarta Coluna. A Quarta Coluna — que na realidade era a Segunda — passou a ocupar um lugar junto à primeira, dirigida por Fidel Castro. A partir dessa época nós, muito menos hostilizados, por nossa menor importância política, conseguimos colocar as bases das primeiras fábricas e dos acampamentos fixos e acabar com a vida nômade. Realizamos algumas ações de pequena importância, mas o fundamental foi precisamente essa sedentarização realizada com granes dificuldades, trazendo nas costas os materiais de regiões muito distantes.

Assim, conseguimos instalar um fábrica de calçados e uma correia com seu torno elétrico, uma funilaria e uma oficina de ferreiro encarregada, entre outras coisas, de rechear pequenas granadas de latão, invenção nossa para lançar no fuzil. Atirava-se com uma bala de festim e foi batizada como M-26. Também

> "As revoluções, transformações sociais radicais e aceleradas, feitas pelas circunstâncias, nem sempre, ou quase nunca, são perfeitas."

fizemos fornos para pão, escolas e auditorias. Posteriormente, istalávamos a Rádio Rebelde e editávamos o primeiro jornal da *manígua*, com o mesmo nome do jornal das guerras de 1868 e 1895: *El Cubano Libre*.

Todas essas realizações estiveram em perigo diversas vezes, diante do avanço das tropas do inimigo; mas o local escolhido no vale de La Mesa foi vulnerado pelo avanço das tropas, e conseguimos manter intocada a posição até o fim da guerra.

(Extraído do livro *Serra Maestra: Da Guerrilha do Poder* — Edições Populares, São Paulo, 1982.)

A Fidel Castro (sobre a invasão)

Sierra del Escambray

Fidel, escrevo-te da planície, sem aviões, com relativamente poucos mosquitos e sem comer regularmente devido à rapidez da marcha. Vou fazer um curto relatório: saímos na noite do dia 31 com quatro cavalos, pois era impossível sair com caminhões porque tomaram toda a gasolina de Magadán e temíamos uma emboscada em Jibacoa. Passamos sem novidades por este local que estava abandonado pelos soldados, mas continuamos apenas mais duas léguas, dormindo num capão de mato daquele lado da estrada. Recomendo instalar um pelotão permanente em Jibacoa que pemitiria o abastecimento a partir desta zona, até agora bastante controlada. A primeiro de setembro passamos a estrada e tomamos três carros que enguiçavam com uma freqüência aterrorizante, chegando até uma fazenda chamada Cayo Redondo, onde passamos o dia com um furacão se avizinhando. Os soldados chegaram perto, eram quarenta, mas foram embora sem combater. Seguimos com os caminhões, ajudados por quatro tratores, mas foi impossível, pelo que foi preciso abandoná-los para, no dia seguinte, 2 de setembro, seguirmos a pé com alguns cavalos, chegando à beira do Causto, que não foi possível atravessar de noite devido a uma extraordinária enchente. Atravessamos de dia, demorando nisso oito horas, e esta noite saímos da casa do Coronel para continuar o roteiro traçado. Estamos sem cavalos, mas poderemos conseguir mais no caminho e penso chegar com todo o pessoal montado à zona de operações designada. Não é possível fazer cálculos exatos quanto ao tempo que irei demorar, devido a inúmeros inconvenientes que vão se apresentando ao longo destes endiabrados caminhos. Tentarei continuar te informando no caminho para criar correiros eficientes e dando informações sobre as pessoas que encontramos. Desta região recomendo apenas dois, até agora: Pepín Magadán, que tem seus defeitos mas é de uma eficiência espantosa, a quem podemos incumbir de conseguir mercadorias e dinheiro, e Concepción Rivero, que é um homem evidentemente sério.

Por enquanto mais nada, um grande abraço para o longínquo mundo que, daqui, vislumbra-se apenas o horizonte.

Setembro, 8/58, 1.50 a.m.

Depois de estafantes jornadas noturnas, escrevo-te finalmente de Camagüey e sem perspectivas imediatas de acelerar a marcha, que percorre, em média, de 3 a 4 léguas diárias, com a tropa montada pela metade e sem arreios. Camilo está nas imediações e eu o esperava aqui, no arrozal Bartles, mas não chegou. A planície é formidável; não há tantos mosquitos, não vimos nenhum capacete e os aviões parecem inofensivas pombas. A Rádio Rebelde é escutada com muitas dificuldades através da Venezuela.

Tudo indica que os soldados não querem guerra e nós também não; confesso-te que tenho medo de uma retirada com 150 recrutas inexperientes nestas paragens desconhecidas, mas uma guerrilha armada de trinta homens pode fazer maravilhas na região e revolucioná-la. Eu, de passagem deixei as bases de um sindicato arrozeiro e falei do imposto, mas não quiseram saber de nada. Não se trata de que tenham claudicado diante do patronal, mas parece-me que a quota é excessiva, eu disse a eles que mais tarde conversaríamos sobre isso e deixei a tarefa para o próximo que chegar. Um sujeito com consciência social pode fazer maravilhas nesta região e existe bastante mata para esconder-se. De meus planos futuros não posso te dizer nada, no que diz respeito ao caminho, porque eu mesmo não sei; depende muito de circunstâncias especiais e aleatórias, como agora, quando estamos esperando alguns caminhões para ver se nos desfazemos dos cavalos, perfeitos para os tempos sem aviões de Maceo, mas muito visíveis do ar. Se não fosse pela cavalaria, poderíamos andar de dia tranqüilamente. A lama e a água estão por toda a parte e as manobras que fui obrigado a fazer para chegar com os obuses em bom estado são de filme; foi preciso atravessar diversos córregos nadando, com um trabalho terrível, mas a tropa se comporta muito bem, embora a esquadra de castigo já está funcionando a todo o vapor e promete ser a mais grossa da coluna. O próximo relatório irá por vias mecanizadas, se possível da cidade de Camagüey. Nada mais do que a reiteração do fraterno abraço ao pessoal da "Sierra", que já não enxergamos mais.

Setembro, 13/58, 9.50 p.m.

Depois de algumas acidentadas jornadas escrevo-te ainda de Camagüey, na iminência, hoje, de atravessar a parte mais perigosa, ou uma das duas mais perigosas, do percurso. Camilo atravessou anteontem à noite com bastantes dificuldades técnicas mas sem problemas militares. Depois do último relatório que te mandei aconteceram algumas coisas desagradáveis, pois, devido a uma falha dos práticos caímos numa emboscada na fazenda de Remígio Fernández, na Federal, morrendo Marcos Borrero, que fora capitão; dominamos os guardas, que eram oito, deixando três mortos e quatro prisioneiros, que conservamos conosco até chegar a oportunidade de soltá-los; um fugiu e deu aviso. Chegaram cerca de sessenta soldados e, aconselhados por Camilo, que estava perto, retiramo-nos quase sem combater, mas perdemos mais outro homem, Dálcio Gutiérrez, da Sierra. Herman foi ferido levemente numa perna e Enriquito Acevedo com certa gravidade nos dois braços. Distinguiram-se o próprio Acevedo, o capitão Ángel Frías e o tenente Roberto Rodríguez (*Vaquerito*). Posteriormente, tentaram novamente avançar e surpreendemos um caminhão, mas só com quatro homens nossos na emboscada, fazendo-lhes pelo menos duas baixas. Retiramo-nos para a Federal e rapidamente fomos embora, retirando Enrique para ser tratado. No dia seguinte metralharam os B-26. Camilo conseguiu andar mais depressa e nós estamos à espera do resultado de uns caminhões que mandei buscar.

Por aqui estão acontecendo coisas muito estranhas que indicam a conveniência imediata de que venha um chefe com experiência para estas paragens. Não deve de jeito nenhum ter mais de trinta homens armados, mas pode coletar aqui o que achar conveniente em todos os sentidos. Convém trabalhar a zona das Naboas, onde existe um bom clima devido aos despojos do central Francisco. Existe mato firme até Santa Cruz, a partir de Santa Beatriz, bom para esse número de homens. Devem permanecer atentos ao que a direção faz em Camagüey, pois estão fazendo promessas de incorporaçao a todo o mundo e somos assaltado por quadrilhas de homens desarmados querendo ingressar nas fileiras. Averigüei a história do louco e realmente o homem tem uma psicose de guerra terrível.

Existem muitos outros problemas que eu gostaria de colocar, mas o tempo não permite, pois devo sair já. Dizem que há muitos soldados no caminho, mas quando este relatório chegar, saberás por outras vias.

Marcha sobre Las Villas

Dia 13 de setembro

Na noite desta dia te mandei o último relatório anunciando os perigos a que estávamos exposto. Os contatos com o Movimento 26 de julho haviam dado certeza da chegada dos práticos, coisa que não aconteceu. À vista da situação, resolvi continuar de qualquer maneira com um prático improvisado. O resultado final foi que ele nos enfiou, ao

amanhecer, diante de uma patrulha de Cuatro Compañeros. As precauções aconselháveis não tinham sido tomadas na totalidade e, embora não tivéssemos baixas, criou-se um estado de confusão. Desconhecendo completamente a região, ordenamos que se marchasse em direção a um bosque que avistamos na meia-luz do amanhecer, mas para chegar lá era preciso atravessar uma linha sobre a qual os guardas avançavam em duas direções diferentes. Foi preciso travar combate para permitir a passagem dos companheiros mais atrasados. Ali foi ferido o capitão Silva, que continuou com estoicismo exemplar à frente de seus homens apesar de ter sofrido a fratura na região articular do ombro direito. Foi preciso continuar combatendo sobre a linha férrea numa extensão de não mais de duzentos metros, contendo o avanço do inimigo, pois tínhamos poucos homens. Esta situação durou duas horas e meia, até que às nove e meia da manhã seguinte dei a ordem de retirada, tendo perdido o companheiro Juan, a quem uma bomba de cem libras destroçou a perna direita. Tivemos outros feridos, mas foi resultado do bombardeamento e a metralha de dois B-26, dois C-47 e dois aviões pequenos em vôo rasante sobre a mata durante 45 minutos.

Nos dias que se seguiram fomos reagrupando o pessoal, constatando finalmente que dez homens dispersos estavam na coluna de Camilo e apenas um, chamado *Morenito*, cujo nome e sobrenome direi a diante, estava desaparecido. Sem permitir-nos um único dia de descanso, fomos passando sucessivamente por Remédio, uma arrozal, Cadenas, alguns matagais de menor importância e Laguna de Guano. Tudo isto sem prático, recolhendo às vezes algum camponês e utilizando a bússola em outras oportunidades. A consciência social do campesinato de Camagüey nas regiões de gado é mínima e fomos obrigados a enfrentar as conseqüências de diversas alcagüetadas.

20 de setembro

Escutamos neste dia pelo rádio um relatório de Tabernilla sobre a coluna destroçada de Che Guevara. Aconteceu que numa das mochilas encontraram a caderneta onde estava anotado o nome, o endereço, as armas, balas e apetrechos de toda a coluna, membro por membro. Além disso, um integrante desta coluna, que também é membro do PSP, deixou sua mochila com documentos dessa organização.

Guevara chefiando a delegação cubana na Assembléia da ONU.

Atravessamos, em dias sucessivos, o rio San Pedro e o Durán ou Altamira, chegando até um lugar chamado El Chicharrón. Ali desertou um sujeito incorporado em Camagüey e pouco depois, na travessia de uma linha perigosa, perdeu-se José Pérez, incorporado à coluna antes de sair de Oriente, de quem suspeito que desertou com seu fuzil.

Atravessamos um terreno plano um tanto perigoso e nos internamos na região arrozeira onde estão as grandes fazendas dos irmãos Aguilera. Não tínhamos guias e seguíamos os vestígios esporádicos deixados pelo companheiro Camilo. Desde o dia 20 caminhamos quase ininterruptamente entre atoleiros. Foi preciso abandonar os poucos cavalos que levávamos mais de um vez; a *mazamorra* (*) começou a causar estragos na tropa.

Deixáramos para trás o último arrozal Aguilera, entrando em terrenos do central Baraguá, quando verificamos que o exército bloqueara totalmente a linha que era preciso atravessar. Descobriram nossa marcha e a retaguarda repeliu os soldados com um par de tiros. Pensando que os tiros vinham dos soldados emboscados na linha, seguindo seu inveterado costume, ordenei que esperássemos a noite, pensando que poderíamos passar. Quando fiquei sabendo da escaramuça, isto é, que o inimigo tinha pleno conhecimento de nossa posição, já era tarde para tentar a passagem, pois era uma noite escura e chuvosa e não tínhamos conhecimento da posição inimiga, muito reforçada. Foi preciso retroceder usando a bússola, permanecendo na região de atoleiros e mato ralo para despistar os aviões que, efetivamente, concentraram o ataque sobre um arvoredo frondoso a certa distância de nossa posição. Os exploradores, encabeçados pelo tenente Acevedo, descobriram uma passagem na extremindade da linha inimiga, pois eles descuidaram uma lagoa pela qual acreditaram que trânsito seria impossível. Por essa lagoa pantanosa, tentando amortecer dentro das possibilidades o ruído de 140 homens chapinhando na lama, andamos quase dois quilômetros até atravessar a linha a cerca de cem metros da última patrulha, da qual escutávamos a conversa. As chapinhadas, que era impossível evitar totalmente, e a lua clara, me fazem pensar que o inimigo percebeu nossa presença, mas o baixo nível de combate que sempre demonstraram os soldados da ditadura

** Mazamorra: Nome dado pelos camponeses a certa doença dos pés.*

deixaram-nos surdos a qualquer rumor a respeito.

Andamos a noite inteira entre pântanos de água de mar, e boa parte do dia seguinte. Um quarto da tropa estava sem sapatos ou com os mesmos em péssimas condições.

3 de outubro

Num mato próximo ao central Baraguá foi capturado o açougueiro desse central, a cuja família avisamos que não aconteceria nada, mas que deveria permanecer conosco durante dois dias, como guia. Parece que a mulher estava a fim de trocar de marido e nos denunciou. O resultado foi a visita do B-26 com sua carga costumeira. Não houve novidade, mas foi preciso caminhar durante a noite toda numa lagoa cheia de umas ervas com folhas afiadas que machucaram os pés de alguns homens descalços. O moral da tropa sofria os impactos da fome e da *mazamorra*. Não podíamos descansar nunca, pois os guardas iam no nosso encalço com a ajuda importantíssima dos aviões. Em cada camponês enxergávamos um possível alcagüete, numa situação psíquica semelhante aos primeiros tempos em Sierra Maestra. Não conseguimos estabelecer contato com a organização 26 de julho, pois um par de supostos integrantes negou-se na hora em que pedi ajuda, que só recebi, em dinheiro, náilon, alguns sapatos, medicamentos, comidas e guias, da parte dos membros do PSP, que me disseram haver solicitado ajuda dos organismos do Movimento, recebendo a seguinte resposta, que registro em benefício de inventário, pois não tenho certeza: "Se *Che* mandar um papel por escrito, nós ajudamos; se não, o *Che* que se foda".

7 de outubro

Fizemos contato com três guias do Escambray, que desfiam um rosário de reclamações pela atuação de Gutiérrez Menoyo, informando que Bordón fora preso e que se chegara a uma situação em que quase houve uma batalha campal entre os grupos. Pareceu-me que havia muita sujeira a ser esclarecida nessa questão e mandei um deles ordenando que Bordón viesse ao meu encontro. Neste dia, para tentar limpar a escórea da coluna, ordenei o licenciamento de todos aqueles que o solicitassem; sete aproveitaram a oportunidade e dou seus nomes para a história negativa dessa revolução: Víctor Sarduy, Juan Noguera, Ernesto Magña, Rigoberto Solís, Oscar Macías, Teodoro Reyes e Rigoberto Alarcón.

> "Recapitulando a minha vida passada, creio haver trabalhado com suficiente honradez e dedicação para consolidar o triunfo revolucionário."

Um dia antes perdera-se, e suspeito que desertou, Pardilho, do pelotão de Joel.

A partir desse momento a aviação seguiu sistematicamente nossos passos, bombardeando a floresta que abandonáramos no dia anterior, enquanto nos cortavam a passagem pelo rio Jatibonico. Num desses bombardeamentos explodiu no ar um jato, notícia de que você deve ter escutado no rádio. A 10 de outubro nos descobriu a aviação, metralhando a floresta onde estávamos. Foram aviões pequenos e não houve vítimas. A vanguarda tomou no dia seguinte um *batey** que comunicava com um arrozal próximo e soubemos que o exército conhecia nossa posição pelas conversas telefônicas que interceptamos. As armadilhas estavam perfeitamente localizadas (embora, prevendo isso, abandonamos o mato e nos trancamos numa casa rodeada de potreiros onde permanecemos o dia inteiro sem fazer qualquer movimento). Segundo as informações recolhidas nas conversas do exército, eles não acreditavam que conseguíssemos vencer as duas léguas que nos separavam de Jatibonico. Evidentemente, fizemos isso naquela noite, atravessando o rio nadando, embora molhássemos quase todas as armas, e fizemos mais uma

*— *Batey: Lugar ocupado pelas casas, fábricas, armazéns e maquinismos nos engenhos e quintas, nass Antilhas.*

légua até chegar ao refúgio seguro de um matagal. A passagem do Jatibonico foi como o símbolo de uma passagem das trevas para a luz. Ramiro diz que foi uma espécie de comutador elétrico que acendesse a luz, o que é uma imagem exata. Mas desde o dia anterior via-se o azul das serras à distância e até o mais remisso integrante do grupo sentia uma vontade terrível de chegar.

Fizemos depois um jornada estafante entre pântanos, atravessamos arrozais e canaviais, atravessamos o rio Zaza, que deve ser um dos mais largos de Cuba, passamos pelo último cordão de soldados na estrada de Trinidad e Sancti Spiritus no dia 15, à noite, e começou nossa cansativa tarefa política.

Ouvi falar do desastre de Vega. Evidentemente, é produto da imperícia. Com Ramiro isso não teria acontecido; mas com um pouco de tempo, demonstraremos que sua presença aqui é positiva para a Revolução.

(In: Carlos Franqui: *O Livro dos 12*, Edições Populares)

O Que é Um Guerrilheiro

(Fevereiro de 1959)

Talvez não exista país no mundo onde a palavra "guerrilheiro" não seja o símbolo de uma aspiração libertadora para o povo. Apenas em Cuba esta palavra tem um significado repulsivo. Essa revolução, libertadora em todos os seus aspectos, aparece também dignificando essa palavra.

Todos sabem que foram guerrilheiros aqueles simpatizantes do regime de escravidão espanhola que pegaram em armas para defender, de forma irregular, a coroa do rei de Espanha; a partir desse momento, em Cuba, o nome fica como símbolo de tudo que está mal, de tudo que é retrógrado, de tudo que é corrupto no país. Não obstante, o guerrilheiro é, não isso, mas sim exatamente o contrário; é combatente da liberdade por excelência; é o eleito do povo, a sua vanguarda combatente na luta pela libertação.

Porque a guerra de guerrilhas não é, como se pensa, uma guerra minúscula, uma guerra de um grupo minoritário contra um exército poderoso, não; a guerra de guerrilhas é a guerra de todo o povo contra a opressão dominante. O guerrilheiro é a sua vanguarda armada; o seu exército é constituído por todos os habitantes de uma região ou de um país. Essa é a razão da sua força, do seu triunfo, mais tarde ou mais cedo, sobre qualquer poder que o pretenda oprimir: isto é, a base e o substrato da guerrilha está no povo.

Não se pode conceber que, sem esse auxiliar precioso, pequenos grupos armados, por mais mobilidade e conhecimento do terreno que tenham, possam sobreviver à perseguição organizada de um exército bem apetrechado. A prova está em que todos os bandidos todas as quadrilhas de bandoleiros, acabam por ser derrotados pelo poder central e é bom recordar que muitas vezes esses bandoleiros representam, para os habitantes da região, algo mais que isso, representam também, ainda que de modo caricato, uma luta pela liberdade.

O exército guerilheiro, exército popular por excelência, deve ter, quanto à sua composição individual, as melhores virtudes do melhor soldado do mundo. Deve se basear numa disciplina estrita. O fato de as formalidades da vida militar não se adaptarem à guerrilha, o fato de não haver bater de tacões nem saudação rígida, nem explicação submissa perante o superior, não demonstram de modo algum que não haja disciplina. A disciplina guerrilheira é interior, nasce da convicção profunda do indivíduo, dessa necessidade de obedecer ao superior, não só para manter a efetividade do organismo armado em que está integrado, mas também para defender a sua. Qualquer pequeno descuido num soldado de exército regular é controlado pelo companheiro mais próximo. Na guerra de guerrilhas, em que cada soldado é unidade e grupo, um erro é fatal. Ninguém pode se descuidar. Ninguém pode cometer o mais pequeno deslize, pois a sua vida e a dos companheiros depende disso.

Esta disciplina informal, muitas vezes não se vê. Para as pessoas mal informadas, parece muito mais disciplinado o soldado regular com toda a sua estrutura de reconhecimento das hierarquias do que o respeito simples e emocionado com que qualquer guerrilheiro segue as instruções do seu chefe. Contudo, o exército de libertação foi um exército puro em que nem as mais comuns tentações do homem tiveram cabimento; e não havia aparelho repressivo, não havia serviço de inteligência que controlasse o indivíduo perante a tentação. Era o seu auto-controle que atuava. Era a sua rígida consciência do dever e da disciplina.

O guerrilheiro é, além de um soldado disciplinado, um soldado muito agil, física e mentalmente. Não se pode conceber uma guerra de guerrilhas estática. Tudo é noturno. Apoiados no conhecimento do terreno, os guerrilheiros caminham de noite, tomam posição, atacam o inimigo e se retiram. Isto não quer dizer que a retirada seja para muito longe do teatro das operações; simplesmente tem de ser feita muito rapidamente.

O inimigo concentrará imediatamente no ponto atacado todas as suas unidades repressivas. A aviação irá bombardear, as unidades táticas irão fazer o cerco, os soldados irão tomar uma posição ilusória.

O guerrilheiro precisa apenas de apresentar uma frente ao inimigo. Com o fato de se retirar um pouco, esperá-lo, fazer um novo ataque, voltar a retirar-se, cumpriu a sua missão específica. Assim o exército pode se ir esgotando durante horas ou durante dias. O guerrilheiro popular, a partir dos seus lugares de espreita, atacará no momento oportuno.

Há outros axiomas profundos na tática de guerrilhas. O conhecimento do terreno deve ser absoluto. O guerrilheiro não pode desconhecer o lugar onde vai atacar, e além disso deve conhecer todos os trilhos de retirada bem como todos os caminhos de acesso aos que estão próximos, as casas amigas e inimigas, os lugares mais protegidos, aqueles onde se pode deixar um ferido, aqueles outros onde se pode montar um acampamento provisório, enfim, conhecer como a palma da mão o teatro das operações. E isso se faz e se consegue porque o povo, o grande núcleo do exército guerrilheiro, está por detrás de cada ação.

Os habitantes de um lugar são transportadores, informadores, enfermeiros, provedores de combatentes, enfim, constituem os acessórios importantíssimos da sua vanguarda armada.

Mas perante tudo isto, perante todo este conjunto de necessidades táticas do guerrilheiro, teria de se perguntar "por que luta?". E surge então a grande afirmação: "O guerrilheiro é um reformador social. O guerrilheiro empunha as armas como protesto irado do povo contra os seus opressores, e luta para mudar o regime social que mantém todos os seus irmãos desarmados no opróbrio e na miséria.

Exercita-se contra as condições especiais de institucionalidade de um dado momento e dedica-se, com todo o vigor que as circunstâncias permitem, a destruir as formas dessa institucionalidade".

Vejamos algo importante: de que é que o guerrilheiro necessita taticamente? Tínhamos dito: conhecimento do terreno com os seus trilhos de acesso e fuga, rapidez de manobra, apoio do povo, e, naturalmente, lugares onde se esconder. Tudo isso indica que o guerrilheiro exercerá a sua ação em lugares agrestes e pouco povoados, a luta do povo pelas suas reivindicações situa-se de preferência, e até quase exclusivamente, ao nível da mudança da composição social de quem possui a terra, isto é, o guerrilheiroo é, fundamentalmente e antes de mais nada, um revolucionário agrário.

Interpreta os desejos da grande massa camponesa de ser dona da terra, dona dos seus meios de produção, dos seus animais, de tudo por que lutou durante anos, daquilo que constitui a sua vida e constituirá também a sua campa.

Por isso, neste momento especial de Cuba, os membros do novo exército, que nasce triunfante nas montanhas de Oriente e do Escambray, nas planícies de Oriente e das planícies de Camagüey, em Cuba inteira, trazem como bandeira de combate a Reforma Agrária.

É uma luta talvez tão longa quanto o estabelecimento da propriedade individual.

Luta que os camponeses travaram com maior ou menor êxito, ao longo dos tempos, mas que sempre teve calor popular. Esta luta não é patrimônio da revolução. A revolução recolheu essa bandeira entre as massas populares e agora a fez sua. Mas antes, há muito tempo, desde que se levantaram os cultivadores de tabaco de Havana, desde de que os negros tentaram conseguir o seu direito à terra na grande guerra de libertação dos anos 30, desde que os camponeses tomaram revolucionariamente o Realengo 18, a terra foi o fulcro da batalha pela aquisição de um modo de vida melhor.

Esta Reforma Agrária que hoje está se fazendo, que iniciou-se timidamente na Sierra Maestra, que mudou-se para a Segunda Frente Oriental e para o Maciço do Escambray, que, durante algum tempo, foi esquecida nas gavetas ministeriais e ressurgiu pujante com a decisão definitiva de Fidel Castro, será, convém

Che rodeado de crianças cubanas.

mais uma vez repetir, ela que dará a definição histórica do 26 de julho.

Este movimento não inventou a Reforma Agrária. Vai levá-la a cabo. Vai levá-la a cabo completamente até que não haja camponês sem terra nem terra por cultivar. Talvez, nesse momento, o próprio Movimento tenha deixado de ter razão de existir, mas terá cumprido a sua missão histórica. A nossa tarefa é chegar a esse ponto.

O futuro dirá se há mais trabalho a fazer.

(Extraído do livro *Textos Políticos*, Global Editora, 1986.)

O Socialismo e o Homem Novo

(Publicado em *Marcha*/março de 1965)

Na luta ideológica contra o socialismo, é freqüente ouvirmos na boca dos porta-vozes capitalistas, como seu argumento preferido, a afirmação de que este sistema social ou período de construção do socialismo, do qual estamos nos aproximando, caracteriza-se pela abolição do indivíduo pelo estado.

Não refutarei esta afirmação sobre uma base inteiramente teórica, mas na colocação dos fatos, tal qual são vividos em Cuba e agregar comentários de índole geral. Chegou a etapa da luta guerrilheira. Foi esta vanguarda o agente catalisador, que criou as condições subjetivas necessárias para a vitória. Também nela, no marco do processo de proletarização de nosso pensamento, da revolução que se operava em nossos hábitos, em nossas mentes, o indivíduo foi o fator fundamental.

Foi a primeira época heróica, na qual se disputava para se conseguir um cargo de maior responsabilidade, de maior perigo, sem outra satisfação que o cumprimento do dever. Em nosso trabaho de educação revolucionária, voltamos detalhadamente a este tema elucidativo. Na atitude de nossos combatentes se vislumbrará o homem do futuro.

Em outra oportunidade de nossa história repetiu-se o fato da entrega total à causa revolucionária. Durante a crise de outubro ou nos dias do furacão "Flora", vimos atos de valor e sacrifício excepcionais, realizados por todo um povo. Encontrar a fórmula para perpetuar, na vida cotidiana, essa atitude heróica, é uma de nossas tarefas fundamentais desde o ponto de vista ideológico.

Vendo as coisas desde um ponto de vista superficial, poderia parecer que têm razão aqueles que falam da sujeição do indíviduo ao estado; a massa realiza com entusiasmo e disciplina sem iguais, as tarefas que o governo fixa, sejam de índole econômica, cultural, de defesa, desportiva etc. A iniciativa parte, em geral, de Fidel ou do alto comando da revolução e é explicada ao povo que a toma como sua.

Sem dúvida — às vezes — o estado se equivoca. Quando isso acontece, nota-se uma diminuição no estado coletivo, por causa de uma diminuição quantitativa de cada um dos elementos que a formam, e o trabalho se paralisa até ficar reduzido a magnitudes insignificantes: é o momento de retificar.

Para quem não vive a experiência da Revolução é difícil entender esta estreita unidade dialética existente entre o indivíduo e a massa, onde ambos se interrelacionam e, por sua vez, a massa, como conjunto de indivíduos, se interrelaciona com os dirigentes. No capitalismo, pode-se ver alguns fenômenos deste tipo quando aparecem políticos capazes de conseguir a mobilização popular, mas em não se tratando de um autêntico movimento social — em cujo caso não é lícito falar plenamente de capitalismo — o movimento viverá a vida de quem o impulsionou, ou viverá até o fim das ilusões populares, imposto pelo rigor da sociedade capitalista. Nesta, o homem está dirigido por um frio ordenamento que, habitualmente, escapa ao domínio de sua compreensão. O exemplar humano, alienado, tem um cordão umbilical invisível que o liga à sociedade em seu conjunto: a lei do valor. Ela atua em todos os aspectos de sua vida, vai modelando seu caminho e seu destino.

As leis do capitalismo, invisíveis para as pessoas comuns e cegas, atuam sobre o indivíduo sem que este perceba. Só vê a amplitude de um horizonte que parece infinito. O prêmio, se avista à distância; o caminho é solitário. Além disso é uma corrida de lobos: somente pode-se vencer sobre o fracasso dos outros.

Tentarei agora definir o indivíduo, ator desse estranho e apaixonante drama que é a construção do socialismo, em sua dupla existência, de ser único e membro da comunidade.

Creio que o mais simples é reconhecer sua qualidade de não feito, de produto não acabado. As taras do passado se transpõem para o presente na consciência individual e tem-se que se fazer um trabalho contínuo para erradicá-las. O processo é duplo, por um lado atua a sociedade com sua educação direta e indireta, por outro, o indivíduo se submete a um processo consciente de auto-educação.

A nova sociedade em formação tem que competir muito duramente com o passado. Isto se faz sentir não só na consciência individual, no que pesam os resíduos de uma educação sistematicamente orientada para o isolamento do indivíduo, mas também pelo caráter mesmo deste período de transição onde persistem as relações mercantilistas. A mercadoria é a célula econômica da sociedade capitalista; enquanto existirem seus efeitos, esses se farão sentir na organização da produção e, por fim, na consciência.

No esquema de Marx, se concebia o período de transição como resultado da transformação explosiva do sistema capitalista destroçado por suas contradições.

Posteriormente a realidade mostrou como se separam da árvore imperialista alguns desses países que constituem os ramos débeis, fenômeno previsto por Lênin.

Nestes, o capitalismo se desenvolveu o suficiente para que seus efeitos se fizessem sentir, de um modo ou de outro, sobre o povo, mas não são suas próprias contradições, as que, esgotadas todas as possibilidades, fazem o sistema explodir. A luta de libertação contra um opressor externo, a miséria provocada por acidentes estranhos, como a guerra, cujas conseqüências fazem as classes privilegiadas recaírem sobre os explorados, os movimentos de libertação destinados a derrubar regimes neocoloniais, são os fatores habituais de desencadeamento do processo. A ação consciente faz o resto. Nestes países ainda não se produziu uma educação completa para o trabalho social e a riqueza está longe do alcance das massas mediante o simples processo de apropriação. O subdesenvolvimento por um lado e a habitual fuga de capitais para países "civilizados" por outro, fazem impossível uma mudança rápida e sem sacrifícios. Resta um grande caminho a percorrer na construção da base econômica, e é muito grande a tentação se seguir os trilhados caminhos do interesse material, como alavanca impulsora de um desenvolvimento acelerado.

Corre-se o risco de que as árvores impeçam-nos de ver o bosque. Perseguindo a quimera de realizar o socialismo com as desdentadas armas que nos deixe o capitalismo (a mercadoria como célula econômica,, a rentabilidade, o interesse material individual com alavanca, etc.), pode-se chegar a um beco sem saída. Para construir o comunismo, simultaneamente com a base material, tem que se constituir o homem novo.

Como já disse, em momentos de extremo perigo é fácil potenciar os estímulos morais; para manter sua vigência é necessário o desenvolvimento de uma consciência, na qual os valores adquiram novos significados. A sociedade em seu conjunto deve se converter em uma gigantesca escola.

As linhas gerais desse fenômeno são semelhantes ao processo de formação da consciência capitalista em sua primeira fase. O capitalismo usa a força, mas também, educa as pessoas no sistema. A propaganda direta é realizada pelos encarregados de explicar a inevitabilidade de um regime de classe, seja de origem divina ou por imposição da natureza como ente mecânico. Isto aplaca as massas, que se vêm oprimidas por um mal contra o qual não é possível lutar.

Em continuação, vem a esperança, e nisto se diferencia dos anteriores regimes de casta, que não davam saída possível.

Para alguns continuará vigente ainda a fórmula de casta: o prêmio aos obedientes consiste na chegada, depois da morte, a outros mundos maravilhosos onde os bons são premiados, seguindo a velha tradição. Para outros a inovação: a separação de classes é fatal, mas os indivíduos podem sair daquela classe a que pertencem mediante o trabalho, a iniciativa, etc. Este processo, e o de auto-educação passa para o triunfo, devem ser profundamente hipócritas; é a demonstração pura e simples de que uma mentira é verdade.

Em nosso caso, a educação direta adquire uma importância muito maior. A explicação é convincente porque é verdadeira: não precisa de subterfúgios. Se exerce através do aparato educativo do estado em função da cultura geral, técnica e ideológica, por meio de organismos tais como, o Ministério da Educação e o aparato de propaganda do partido. A educação se fixa nas massas e a nova atitude preconizada tende a converter-se em hábito; a massa toma-a como sua, e pressiona aqueles que ainda não se educaram. Esta é a forma indireta de educar as massas, tão poderosa quanto aquela outra.

Assim vamos marchando. À cabeça da imensa coluna — não nos envergonhamos nem nos intimida dizê-lo — vai Fidel, depois os melhores quadros do partido, e imediatamente após e tão perto, que se sente sua enorme força, vai o povo em seu conjunto, sólida armação de individualidades que caminham para um fim comum, indivíduos que alacançaram a consciência de que é necessário fazer, homens que lutam por sair do reino da necessidade e entrar no da liberdade.

Sabemos que há sacrifícios diante de nós e que devemos pagar um preço pelo fato heróico de constituir uma vanguarda como nação. Nós, dirigentes, sabemos que temos que pagar um preço por ter que dizer que estamos à cabeça do povo que está à cabeça da América.

Todos e cada um de nós paga pontualmente sua cota de sacrifício, conscientes de receber o prêmio na satisfação do dever cumprido, conscientes de avançar com todos para o homem novo que se vislumbra no horizonte.

Discurso de Argel

(Seminário Econômico de Solidariedade Afro-asiática

(Fevereiro de 1965)

Caros irmãos: Cuba vem a esta conferência elevar sozinha a voz da América e, como noutras oportunidades salientaremos, o faz também na sua condição de país subdesenvolvido que, ao mesmo tempo, constrói o socialismo.

Não é por acaso que se permite à nossa representação emitir a sua opinião no círculo dos povos da Ásia e da África. Uma aspiração comum, a derrota do imperialismo, nos une na nossa caminhada para o futuro; um passado comum de luta contra o mesmo inimigo nos uniu ao longo do caminho.

Esta assembléia é uma assembléia dos povos em luta; ela se desenvolve em duas frentes de igual importância e exige a totalidade dos nosso esforços. A luta contra o imperialismo, para nos libertarmos dos entraves coloniais ou neo-coloniais, que se leva a efeito por meio das armas políticas, das armas de fogo ou por combinação de ambas, não está sujeita à luta contra o atraso e a pobreza; ambas são etapas de um mesmo caminho que conduz à criação de uma sociedade simultaneamente nova, rica e justa. É imperioso obter o poder político e liquidar as classes opressoras, mas, depois, há que enfrentar a segunda etapa da luta que adquire sem dúvida características mais difíceis que a anterior.

Desde que os capitais monopolistas se apoderaram do mundo, têm mantido na pobreza a maioria da humanidade, repartindo-se os lucros entre o grupo dos países mais fortes. O nível de vida desses países está baseado na miséria dos nossos; para elevar o nível de vida dos povos subdesenvolvidos há que lutar, pois, contra o imperialismo. E cada vez que um país se desprende da árvore imperialista, ganha não só uma batalha parcial contra o inimigo fundamental, mas também contribui para o real enfraquecimento e dá um passo para a vitória definitiva.

Não há fronteiras nesta luta de morte; não podemos ficar indiferentes perante o que acontece em qualquer país do mundo; uma vitória de qualquer país sobre o imperialismo é uma vitória nossa, tal como a derrota de uma ação qualquer é uma derrota para todos nós. O exercício do internacionalismo proletário não é apenas um dever dos povos que lutam para assegurar um futuro melhor; além disso, é uma necessidade imprescindível. Se o inimigo imperialista, norte-americano ou qualquer outro, desenvolve a sua ação contra os povos subdesenvolvidos e dos países socialistas; se nenhum outro fator de união existisse, deveria constituí-lo o inimigo comum.

Claro que estas uniões não se podem fazer espontaneamente, sem discussões, sem que um pacto, por vezes doloroso, as anteceda.

Sempre que um país se liberta, dizíamos, é uma derrota do sistema imperialista mundial, mas devemos acrescentar que a ruptura não se dá, pelo mero fato de se proclamar uma independência ou de se conseguir uma vitória pelas armas numa revolução: acontece quando o domínio econômico imperialista deixa de se exercer sobre um povo. Portanto, interessa aos países socialistas, como algo de essencial, que se produzam efe-

tivamente essas rupturas e é nosso dever internacional, o dever fixado pela ideologia que nos dirige, contribuir com os nossos esforços para que a libertação se faça o mais rápida e profundamente possível.

De tudo isto deve se extrair uma conclusão: o desenvolvimento dos países que agora iniciam a caminhada da libertação, deve custar aos países socialistas. Dizêmo-lo assim, sem o mínimo espírito de chantagem ou de espetacularidade, nem para a procura fácil de uma maior aproximação ao conjunto dos povos afro-asiáticos; é uma convicção profunda. Não pode existir socialismo se nas consciência não se operar uma mudança que provoque uma nova atitude fraternal para com a humanidade, quer de índole individual, na sociedade em que se constrói ou está construindo o socialismo, quer de índole mundial, em relação a todos os povos que sofrem a opressão imperialista.

Cremos que é com este espírito que se deve enfrentar a responsabilidade de ajudar os países dependentes e que não mais se deve falar de desenvolver um comércio de benefício mútuo, baseado nos preços que a lei do valor e as relações internacionais do intercâmbio desigual, produto da lei do valor, opõem aos países atrasados.

Será "benefício mútuo" vender a preços de mercado mundial as matérias-primas que custam suor e sofrimentos sem limites aos países atrasados e comprar a preços de mercado mundial as máquinas produzidas nas grandes fábricas automatizadas da atualidade?

Se estabelecemos este tipo de relação entre os dois grupos de nações, devemos concordar que os países socialista são, de certo modo, cúmplices da exploração imperialista. Pode se argumentar que o montante do intercâmbio com os países subdesenvolvidos constitui uma parte insignificante do comércio externo destes países.

É uma grande verdade, mas não elimina o caráter imoral da troca.

Os países socialistas têm o dever moral de por fim à sua cumplicidade tácita com os países explorados do Ocidente. O fato de hoje o comércio ser pequeno, não quer dizer nada: Cuba, em 1959, vendia ocasionalmente açúcar a algum país do bloco socialista, sobretudo através de corretores ingleses ou de outra nacionalidade. E hoje 85% do seu comércio se desenvolve nessa área; todos os seus abastecimentos vitais vêm do

Che Guevara trabalhando em Cuba.

campo socialista, e de fato ingressou nesse campo. Não podemos dizer que esse ingresso se tenha produzido pelo mero aumento do comércio, nem que o comércio tenha aumentado pelo fato de este país ter rompido com as velhas estruturas e encarar a forma socialista de desenvolvimento: os extremos se tocam e uns e outros se interrelacionam.

Nós não começamos o caminho que terminará no comunismo com todos os passos previstos, como produto lógico de um desenvolvimento ideológico que avançará com um fim determinado; as verdades do socialismo, mais as cruas verdades do imperialismo, foram forjando o nosso povo e lhe ensinando o caminho que depois adotamos conscientemente. Os povos da África e da Ásia que caminham para sua libertação definitiva deverão empreender essa mesma rota; irão empreendê-la mais tarde ou mais cedo, se bem que o seu socialismo tenha hoje um objetivo definido. Para nós, não há outra definição válida do socialismo que não seja a abolição da exploração do homem pelo homem. Enquanto isto não se der, estamos no período de construção da sociedade socialista; e se em vez de se produzir este fenômeno, a tarefa da supressão da exploração estancar ou até retroceder nela, não se pode sequer falar da construção do socialismo.

Temos de preparar as condições para que os nossos irmãos entrem direta e conscientemente no rumo da abolição definitiva da exploração, mas não os podemos convidar a entrar, se nós mesmos somos cúmplices dessa exploração. Se nos perguntam quais são os métodos para fixar preços equitativos, não podemos responder, não conhecemos a importância prática dessa questão, apenas sabemos que, depois de discussões políticas, a União Soviética e Cuba firmaram acordos vantajosos para nós, mediante os quais conseguimos vender até cinco milhões de toneladas, a preços fixos superiores aos normais no chamado mercado livre mundial açucareiro. A República Popular da China também mantém esses preços de compra.

Isto é apenas um antecedente pois a tarefa real consiste em fixar os preços que permitam o desenvolvimento. Uma grande mudança de concepção consistirá em mudar a ordem das relações internacionais; não deve ser o comércio externo a fixar a política, mas, pelo contrário, ele deve estar subordinado a uma

> **“Um dos grandes deveres da Universidade é implantar suas práticas profissionais no seio do povo.”**

política fraterna para com os povos.

Analisaremos rapidamente o problema dos créditos a longo prazo para desenvolver indústrias básicas. Deparamos freqüentemente com países beneficiários que se dispõem a estabelecer bases industriais desproporcionadas em relação à sua capacidade atual, cujos produtos não serão consumidos no território e cujas reservas ficarão comprometidas nesse esforço.

O nosso raciocínio é que os investimentos dos Estados socialistas no seu próprio território passam diretamente sobre o orçamento estatal e não se recuperam senão através da utilização dos produtos no processo completo da sua elaboração, até chegar às últimas fases da manufatura. A nossa proposta é que se pense na possibilidade de realizar investimentos desse tipo nos países subdesenvolvidos.

Deste modo se poderia pôr em movimento uma força enorme, subjacente nos nossos continentes, que têm sido miseravelmente explorados mas nun-

ca ajudados no seu desenvolvimento, e começar uma nova etapa da sua autêntica divisão internacional do trabalho baseada, não na história do que até hoje se fez, mas na história futura daquilo que se pode fazer.

Os Estados em cujos territórios se fizeram os novos investimentos teriam os direitos inerentes a uma propriedade soberana sobre os mesmos, sem que transcorresse pagamento ou crédito algum, ficando obrigados os possuidores a fornecer determinada quantidade de produtos aos países investidores, durante determinado tempo e a determinado preço.

É também digna de estudo a forma de financiar a parte local dos gastos em que deve incorrer um país que faça investimentos deste tipo. Uma forma de ajuda, que não signifique distribuição de bens em divisas livremente convertíveis, poderia ser o fornecimento de produtos de fácil venda aos governos dos países subdesenvolvidos, mediante créditos a longo prazo.

Outro dos difíceis problemas a resolver é o da conquista da técnica. É do conhecimento de todos a carência de técnicos que sofremos nós, países em vias de desenvolvimento. Faltam instituições e quadros de ensino. Faltam, por vezes, a real consciência das nossas sociedades e a decisão de levar a cabo uma política de desenvolvimento técnico, cultural e ideológico, a que se confira prioridade.

Os países socialistas devem ajudar a formar os organismos de educação técnica, insistir na importância capital deste fato e fornecer os quadros que supram a carência atual. É preciso insistir mais neste último ponto: os técnicos que vierem para os nossos países devem ser exemplares. São companheiros que deverão enfrentar um meio desconhecido, muitas vezes hostil à técnica, onde se fala uma língua diferente e onde os hábitos são totalmente diferentes dos seus. Os técnicos que enfrentam a difícil tarefa de ser, antes de tudo, comunistas, no sentido mais profundo e nobre da palavra; com essa qualidade, e com um mínimo de organização e flexibilidade, se farão maravilhas.

Sabemos que isso se pode conseguir porque os países irmãos nos enviaram alguns técnicos que fizeram mais pelo desenvolvimento do nosso país que dez institutos, e contribuíram para a nossa amizade mais do que dez embaixadores ou cem recepções diplomáticas.

Se pudessemos chegar a uma efetiva realização dos pontos que apontamos e, além disso, se pu-

Che e sua mulher Alcida March viajando e no dia da festa de casamento.

sêssemos ao alcance dos países subdesenvolvidos toda a tecnologia dos países avançados, sem utilizar os métodos atuais de patentes que protegem as invenções de uns e outros, teríamos progredido muito na nossa tarefa comum.

O imperialismo foi derrotado em muitas batalhas parciais. Mas é uma força considerável no mundo e não se pode aspirar a sua derrota definitiva senão com o esforço e o sacrifício de todos.

Não obstante, o conjunto de medidas propostas não se pode realizar unilateralmente. O desenvolvimento dos subdesenvolvidos deve ser imputado aos países socialistas; de acordo. Mas também devem se pôr em tensão as forças dos países subdesenvolvidos e tomar firmemente o rumo da construção de uma sociedade nova — se dê o nome que quisermos — em que a máquina, instrumento de trabalho, não seja instrumento de exploração do homem pelo homem. Também não se pode pretender a confiaça dos países socialistas quando se oscila entre capitalismo e socialismo e se trata de utilizar ambas as forças como elementos contrapostos, para tirar dessa concorrência determinadas vantagens. Uma nova política de absoluta seriedade deve reger as relações entre os dois grupos de sociedades. É conveniente sublinhar, uma vez mais, que os meios de produção devem estar, de preferência, nas mãos do Estado, para que, gradualmente, vão desaparecendo os sinais de exploração.

Por outro lado, não se pode abandonar o desenvolvimento a uma improvisação total; há que planificar a construção da nova sociedade. A planificação é uma das leis do socialismo e, sem ela, ele não existiria. Sem uma planificação correta não pode existir uma garantia suficiente de que todos os setores econômicos de qualquer país se liguem harmoniosamente para dar os saltos em frente que esta época em que estamos vivendo exige. A planificação não é um problema isolado de cada um dos nossos países, pequenos, distorcidos no seu desenvolvimento, possuidores de algumas matérias-primas ou produtores de alguns produtos manufaturados ou semi-manufaturados, carenciados da maioria dos outros. Esta deverá tender, desde o primeiro momento, para certa regionalidade para poder compreender as economias dos países e chegar assim a uma integração na base de um autêntico benefício mútuo.

Cremos que o caminho atual está cheio de perigos, perigos

que não são inventados nem previstos, por algum espírito superior, para um futuro longínquo; são o resultado palpável de realidades que nos atingem. A luta contra o colonialismo alcançou as suas etapas finais; mas, na era atual, o status colonial não é uma conseqüência uma conseqüência do domínio imperialista.

Enquanto o imperialismo existir, por definição, exercerá o seu domínio sobre outros países: esse domínio se chama, hoje, neocolonialismo.

O neocolonialismo se desenvolveu na América do Sul, em todo um continente, e hoje começa a se fazer sentir com intensidade cada vez maior na África e na Ásia.

A sua forma de penetração e desenvolvimento tem caracterísiticas distintas: uma é a brutal, que conhecemos no Congo. A força bruta, sem considerações nem disfarces de nenhuma espécie, é a sua derradeira arma. Há outra mais sutil: a penetração nos países que se libertam politicamente, a ligação com as burguesias autóctones nascentes, o desenvolvimento de uma classe burguesa parasitária e em estreita aliança com os interesses metropolitanos apoiados num certo bem-estar ou desenvolvimento transitório do nível de vida dos povos, dado que, em países muito atrasados, a simples passagem das relações feudais às relações capitalistas significa um grande avanço, independentemente das conseqüências nefastas que, a longo prazo, advirão para os trabalhadores.

O neocolonialismo mostrou as suas garras no Congo; isso não é um sinal de poder mas de fraqueza; teve de recorrer à sua derradeira arma, a força como argumento econômico, o que provoca reações opostas de grande intensidade. Mas também se exerce noutra série de países da África e da Ásia de forma muito mais sutil e está rapidamente a criar-se aquilo a que alguns chamaram de sul-americanização destes continentes, isto é, o desenvolvimento de uma burguesia parasitária que nada acrescenta à riqueza nacional e que, inclusive, deposita fora do país, nos bancos capitalistas, os enormes lucros indevidamente conseguidos, e que pactua com o estrangeiro para obter mais benefícios, com um desprezo absoluto pelo bem-estar do seu povo.

Há também outros perigos, como o da concorrência entre países irmãos, politicamente amigos e, às vezes, vizinhos que procuram fazer os mesmos investimentos, ao mesmo tempo e

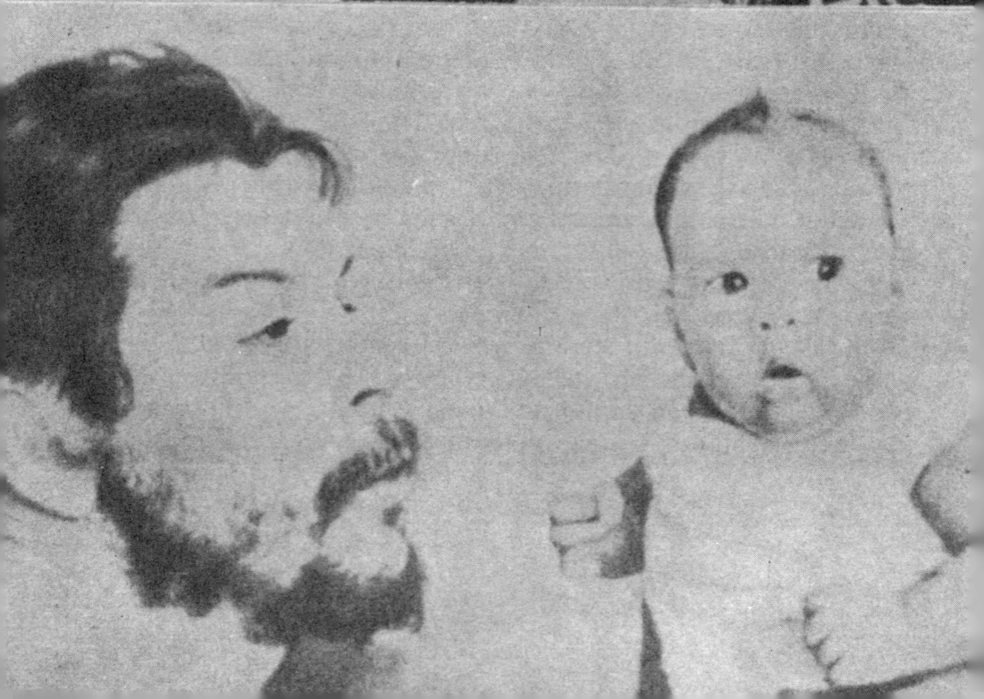

para mercados que, muitas vezes, não o admitem.

Esta concorrência tem o defeito de gastar energias que poderiam se utilizar sob a forma de uma complementação econômica muito mais vasta, além de permitir o jogo dos monopólios imperialistas.

Às vezes, perante a impossibilidade real de fazer determinado investimento com a ajuda do campo socialista, este se realiza mediante acordos com os capitalistas. E esses investimentos capitalistas não só têm o defeito da forma como se realizam os empréstimos, mas também outros complementares de muita importância, como o estabelecimento de sociedades mistas com um vizinho perigoso. Como, em geral, os investimentos são paralelos aos de outros Estados, isto tende a criar divisões, por diferenças econômicas, entre países amigos, e instaura o perigo da corrupção emanada da presença constante do capitalismo, hábil na apresentação de imagens de desenvolvimento e bem-estar que perturbam o entendimento de muita gente.

Tempos depois, a descida dos preços nos mercados é a conseqüência de uma saturação de produções similares.

Os países afetados se vêem na obrigação de contrair novos empréstimos ou permitir investimentos complementares para a concorrência. A queda da economia nas mãos dos monopólios e um retorno do passado, lento mas seguro, é a conseqüência final dessa política.

Em nosso entender, a única forma segura de fazer investimento é com a participação direta do Estado como comprador íntegro dos bens, limitando a ação imperialista aos contratos de fornecimentos e não os deixando passar para lá da porta da rua de nossa casa. E aqui é lícito aproveitar as contradições inter-imperialistas para conseguir condições menos onerosas.

É necessário prestar atenção às "desinteressadas" ajudas econômicas, culturais, etc., que o imperialismo dá, por si ou através de Estados fantoches mais bem acolhidos em certas partes do mundo.

Se não forem vistos a tempo todos os perigos apontados, pode inaugurar-se o caminho neocolonial em países que começaram com fé e entusiasmo a sua tarefa de libertação nacional, estabelecendo-se o domínio dos monopólios com sutileza, numa graduação tal que é muito difícil perceber os seus efeitos até que estes se façam sentir brutalmente.

Últimas fotos de Che com a família, final de 1964.

Há toda uma tarefa a realizar; enormes problemas se apresentam aos nossos dois mundos; problema que estão diretamente relacionados com o homem e o seu bem-estar e com a luta contra o principal culpado do nosso atraso.

Perante eles, todos os países e todos os povos, conscientes dos seus deveres, dos perigos que a situação contém, dos perigos que o desenvolvimento encerra, devemos tomar medidas corretas para que a nossa amizade se ligue nos dois planos, o econômico e o político, que nunca podem andar separados, e formar um grande bloco compacto que, por sua vez, ajude novos países a se libertarem, não só do poder político mas também do poder econômico imperialista.

Deve tratar-se o aspecto da libertação de um poder político opressor pelas armas segundo as regras do internacionalismo proletário: se é um absurdo pensar que um diretor de empresa de um país socialista em guerra tenha dúvidas em enviar os tanques que produz para uma frente onde não haja garantias de pagamento, não menos absurdo deve parecer que se averigue a possibilidade de pagamento de um povo que luta pela libertação ou que necessita dessas armas para defender a sua liberdade.

As armas não podem ser mercadoria nos nossos mundos: devem se entregar gratuitamente e em quantidades necessárias e possíveis aos povos que podem para disparar contra o inimigo comum. Foi esse o espírito com que a U.R.S.S. e a República Popular da China nos ofereceram a sua ajuda militar. Somos socialistas, constituímos uma garantia de utilização dessas armas, mas não somos os únicos e todos devemos ter o mesmo tratamento.

Ao abominável ataque do imperialismo norte-americano contra o Vietnã ou contra o Congo, deve se responder fornecendo a esses países irmãos todos os instrumentos de defesa de que necessitem e lhes dando incondicionalmente toda a nossa solidariedade.

No aspecto econômico, precisamos vencer o caminho do desenvolvimento com a técnica mais avançada possível. Não podemos seguir a grande escala ascendente e automática, porque seria um caminho de enormes sacrifícios e parcialmente inútil. É preciso conquistar a técnica onde ela estiver — é preciso dar o grande salto técnico para ir diminuindo a diferença que hoje existe entre os países mais desenvolvidos e nós.

Esta deve estar nas grandes fábricas, numa agricultura convenientemente desenvolvida e, sobretudo, deve ter o seus pilares numa cultura técnica e ideológica com força suficiente e base de massas, para permitir a elaboraçao contínua dos institutos e dos aparelhos de investigação que se deverão criar em cada país, e dos homens que vêm exercendo a técnica atual e que sejam capazes de se adaptar às novas técnicas adquiridas.

Estes quadros devem ter uma clara consciência do seu dever para com a sociedade onde vivem: não poderá existir uma cultura técnica adequada que não seja completada com uma cultura ideológica. E, na maioria dos nossos países, não poderá existir uma base suficiente de desenvolvimento industrial, que é o que determina do desenvolvimento da sociedade moderna, se não começarmos por assegurar ao povo o alimento necessário, os bens de consumo mais imprescindíveis e uma educação adequada.

Há que gastar uma boa parte da receita nacional nos chamados investimentos improdutivos da educação e é preciso dar uma atenção preferencial ao desenvolvimento da produtividade agrícola.

Esta lançou níveis realmente incríveis em muitos países capitalistas, provocando o contra-senso de crise de superprodução, de investimento de sementes e outros produtos alimentares, ou de matérias-primas industriais provenientes de países desenvolvidos, quando existe todo um mundo que sofre de fome e que tem terra e homens suficientes para produzir várias vezes aquilo de que o mundo inteiro precisa para se alimentar.

A agricultura deve ser considerada um pilar fundamental no desenvolvimento e, para isso, as mudanças da estrutura agrícola e a adapatação às novas possibilidades da técnica e às novas obrigações da eliminação da exploração do homem devem constituir aspectos fundamentais do trabalho.

Antes de tomar decisões difíceis que possam ocasionar danos irreparáveis, é preciso fazer uma prospecção cuidadosa do território nacional, constituindo este aspecto um dos passos preliminares da investigação econômica e exigência elementar numa planificação correta.

Apoiamos calorosamente a proposta da Argélia no sentido de institucionalizar as nossas relações. Queremos apenas apresentar alguma considerações complementares.

Primeiro: Para que a união seja instrumento da luta contra o imperialismo, é preciso a cooperação dos povos latino-americanos e a aliança dos países socialistas.

Segundo: Deve velar-se pelo caráter revolucionário da união, impedindo que a ela tenham acesso governos ou movimentos que não se identifiquem com as aspirações gerais dos povos e criando mecanismos que permitem o afastamento de algum que se desvie do rumo justo, quer seja governo ou movimento popular.

Terceiro: Deve defender-se o estabelecimento de novas relações em pé de igualdade entre os nossos países e os países capitalistas, estabelecendo uma jurisprudência revolucionária que nos apóie em caso de conflito e de novo conteúdo às relações entre nós e o resto do mundo.

Falamos uma linguagem revolucionária e lutamos honestamente pelo triunfo dessa causa, mas muitas vezes nós próprios nos enredamos nas malhas de um direito internacional, criado como resultado dos confrontos das potências imperialistas e não pela luta dos povos livres, dos povos justos.

Os nossos povos, por exemplo, sofrem a pressão angustiosa de bases estrangeiras instaladas nos seus territórios ou terão de suportar o pesado fardo de enormes dívidas externas. Esta história é bem conhecida de todos: governos fantoches, governos enfraquecidos por uma enorme luta de libertação ou o desenvolvimento das leis capitalistas do mercado, permitiram a assinatura de acordos que ameaçam a nossa estabilidade interna e comprometem o nosso futuro.

Chegou a hora de sacudirmos o jugo, de impor a renegociação das dívidas externas opressoras e obrigar os imperialistas a abandonarem as suas bases de agressão.

Não queria terminar estas palavras, esta repetição de conceitos de todos vocês conhecidos, sem chamar a atenção deste seminário no sentido de que Cuba não é o único país americano; simplesmente é aquele que tem a oportunidade de hoje vos falar; que outros povos estejam derramando o seu sangue para conseguir o direito que nós temos e, daqui e de todas as conferências e em todos os lugares em que simultaneamente se produzam, com a saudação aos povos heróicos do Vietnã, do Laos, da Guiné dita Portu-

“A reforma agrária radical é a única que pode dar a terra ao camponês.”

guesa da África do Sul, da Palestina, a todos os países explorados que lutam pela sua emancipação, devemos estender a nossa voz amiga, a nossa mão e o nosso alento, aos povos irmãos da Venezuela, da Guatemala e da Colômbia, que hoje, de armas na mão, estão dizendo definitivamente “não!” ao inimigo imperialista.

E, para afirmá-lo poucos são os lugares tão simbólicos como Argel, uma das mais heróicas capitais da liberdade.

Que o magnífico povo argelino, treinado como poucos nos sofrimentos pela independência, sob a decidida direção do seu partido, com o nosso querido companheiro Ahmed Ben Bella à cabeça, nos sirva de inspiração nesta luta sem tréguas contra o imperialismo mundial.

(Extraído do livro *Textos Políticos*, Global Editora, São Paulo, 1986.)

1º de outubro de 1967

O primeiro dia do mês passou sem que nada de novo acontecesse. De madrugada, chegamos a um fio d'água, onde acampamos, colocando sentinelas em vários pontos. Os 40 homens desceram o desfiladeiro, o qual acreditamos que poderíamos conquistar desfechando alguns tiros. Às 14 horas, os últimos tiros foram ouvidos; ninguém parecia estar nas pequenas casas, ainda que Urbano visse cinco soldados descendo, sem seguir qualquer caminho. Eu decidi permanecer aqui um dia mais, porque o lugar é bom e a retirada garantida, desde que todos os movimentos das tropas inimigas podem ser vistos. Pacho, com Nato, Darío e Eustáquio saíram para procurar água e voltaram às 21 horas. Chapaco fez frituras e nós dividimos "charqui", o que amenizou nossa fome. Não há novidades.

2 de outubro de 1967

O dia passou sem qualquer sinal dos soldados. Mas alguns bodes, liderados por um cão pastor, passaram por nós e os animais se manifestaram. Decidimos tentar passar por um dos "chacos", o mais perto do desfiladeiro e começamos a descer às 18 horas, com tempo suficiente para chegar confortavelmente e cozinhar antes da travessia. Nato perdeu-se e ficou obcecado em seguir adiante. Quando decidimos voltar, nos perdemos e tivemos que permanece ali no topo do morro, sem poder cozinhar ou beber. O rádio deu uma explicação sobre a evacuação dos soldados no dia 30: de acordo com as notícias de La Cruz del Sur, O Exército comunicava ter tido um choque em Abra del Quinol com um pequeno grupo dos nossos, sem perdas de qualquer lado. Todavia disseram que tinham encontrado marcas de sangue em nossa retirada. Havia seis homens no grupo, de acordo com o mesmo despacho.

3 de outubro de 1967

Um dia longo, desnecessariamente intenso; enquanto mobilizamos para chegar à nossa base. Urbano chegou com informação de que ouvira alguns camponeses que passavam, dizer "Esses são aqueles que falavam ontem à noite", enquanto estávamos na estrada. Parecia que a informação era incorreta, mas decidi proceder como se fosse real, e sem saciar nossa sede, seguimos para o "firme", de onde podíamos observar os soldados. O resto do dia foi perfeitamente calmo, e ao crepúsculo todos descemos e fizemos café, o qual tinha o sabor do céu, apesar da água amarga e a panela gordurosa, na qual havia sido feito. Cozinhamos um pouco de carne seca para comermos aqui e o arroz com carne de alce para levar conosco. Às três recomeçamos a marcha, depois de uma prévia exploração, evitando o "chaco" com grande facilidade, saindo da ravina que tínhamos escolhido, onde não encontramo água mas sinais de que havia sido explorada pelos soldados.

O rádio deu notícias sobre dois prisioneiros: Antônio Domingues Flores (León) e Orlando Jimenez Bazan (Camba); o último reconhecendo que havia lutado contra o Exército; o primeiro dizendo que havia se rendido, confiando na palavra presidencial. Ambos deram abundantes informações sobre Fernando, sua doença e tudo o mais, sem deixar de mencionar o que haviam dito e não fora publicado. Assim termina a história de duas heróicas guerrilhas.

h — 1.360 ms.

Uma entrevista com Debray foi ouvida, muito corajosa, quando enfrentado por um estudante provocador.

4 de outubro de 1967

Depois de descansar na ravina, seguimos por meia hora morro abaixo, até que atingimos uma outra elevação, que se juntava à nossa. Subimos depois de descansar até as 15 horas, para evitar o sol escaldante. Então, recomeçamos a marcha por mais meia hora. Chegamos até os exploradores que haviam alcançado o fim de pequenos despenhadeiros, sem encontrar água. Às 18 abandonamos a ravina e seguimos uma trilha de gado até as 19,30, numa hora, onde nada podia ser visto, e assim paramos até as 3.

O rádio anunciava a mudança do posto avançado do general comandante da 4ª Divisão, de Lagunillas para Padilla, a fim de cuidar melhor da zona de Serrano, onde se acreditava ser o lugar escolhido para a fuga dos guerrilheiros. Também se comentava de que se eu fosse capturado pelas forças da 4ª Divisão, seria julgado em Camiri; se capturado pelas forças do 8º, o julgamento seria em Santa Cruz.

h — 1.650 ms.

5 de outubro de 1967

Recomeçando a marcha, an-

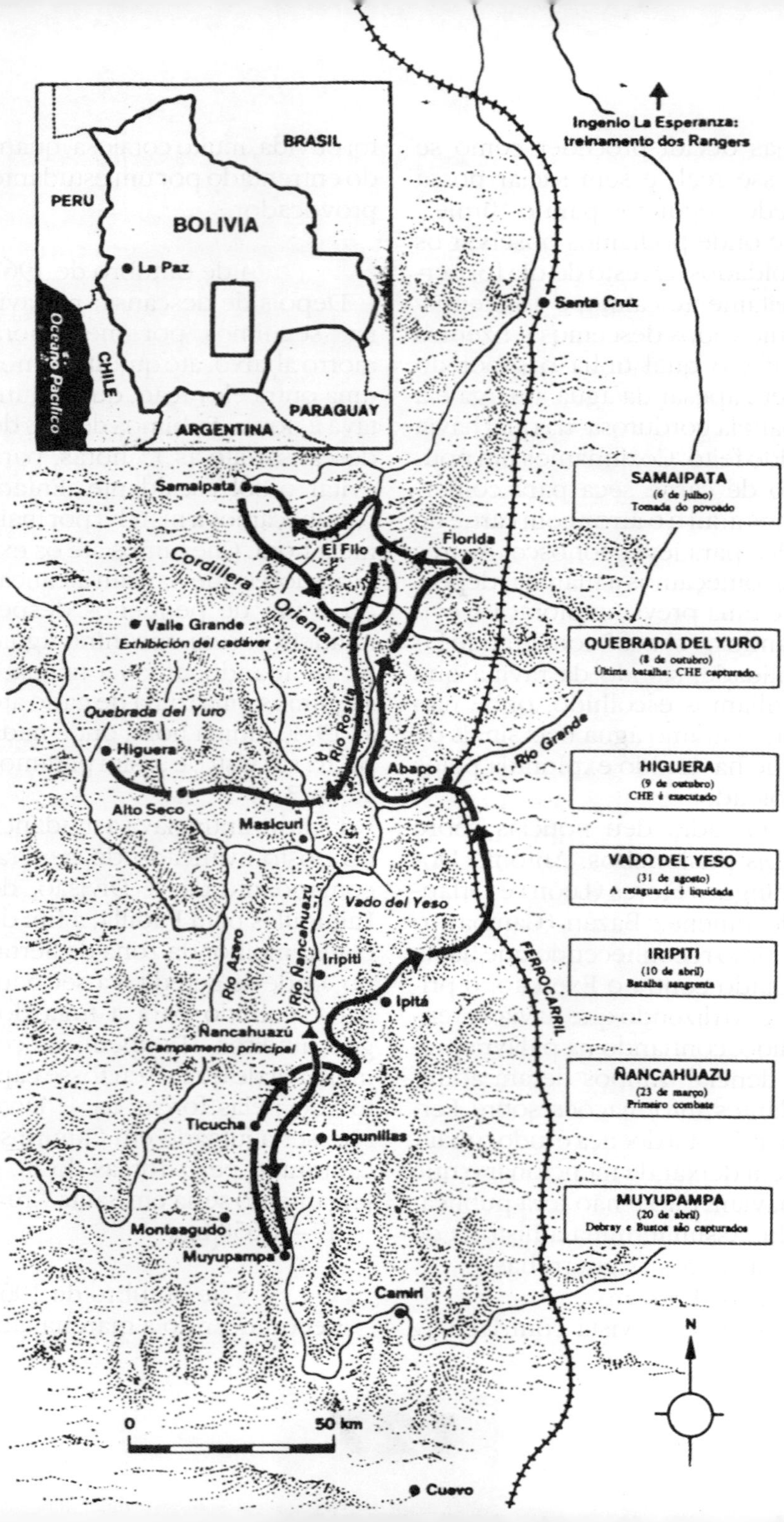

Ingenio La Esperanza:
treinamento dos Rangers
BRASIL
PERU
BOLIVIA
La Paz
Oceano Pacífico
CHILE
PARAGUAY
ARGENTINA
Santa Cruz
SAMAIPATA
(6 de julho)
Tomada do povoado
Samaipata
El Filo
Florida
Cordillera Oriental
Valle Grande
Exhibición del cadáver
QUEBRADA DEL YURO
(8 de outubro)
Última batalha; CHE capturado.
Quebrada del Yuro
Higuera
Río Rosita
Abapo
Río Grande
HIGUERA
(9 de outubro)
CHE é executado
Alto Seco
Masicuri
VADO DEL YESO
(31 de agosto)
A retaguarda é liquidada
Vado del Yeso
Río Azero
Río Ñancahuazú
Iripiti
IRIPITI
(10 de abril)
Batalha sangrenta
Ipitá
FERROCARRIL
Ñancahuazú
Campamento principal
ÑANCAHUAZU
(23 de março)
Primeiro combate
Ticucha
Lagunillas
MUYUPAMPA
(20 de abril)
Debray e Bustos são capturados
Monteagudo
Muyupampa
Camiri
N
0
50 km
Cuevo

damos com grande dificuldade até as 5,15, quando deixamos a trilha de gado e nos recolhemos a uma mata escassa, mas suficientemente alta para nos proteger contra observadores indiscretos. Benigno e Pacho fizeram diversas explorações, procurando água. Cobriam completamente a casa vizinha sem encontrar qualquer vestígio, mas provavelmente haverá um pequeno poço ao lado da habitação. Terminando essa exploração, viram seis soldados chegando à casa, aparentemente deixando o lugar. Nós partimos ao amanhecer, os homens exaustos, pela falta de água. Eustáquio fez uma cena, chorando por um gole. Depois de uma marcha penosa com muitas paradas, pela manhã atingimos um bosque onde se podia ouvir latidos de cachorros. Havia um alto e sólido "firme" perto dali.

Medicamos Benigno, que tinha um pouco de pus em seu ferimento; eu tratei do Médico. Como resultado, Benigno queixou-se de dores durante toda a noite. O rádio anunciava que nossos dois Cambas haviam sido transferidos para Camiri, para servirem de testemunhas no nosso processo de Debray.

h — 2.000 ms.

6 de outubro de 1967

A exploração mostrou que havia um habitação perto mas também que havia água em uma ravina um pouco mais distante. Fomos até lá e cozinhamos durante todo o dia, sob um alpendre, o qual serviu de teto. Eu não passei um dia calmo porque caminhávamos próximos de lugares habitados durante o dia, e estávamos em um buraco. Desde que o almoço havia sido retardado para as 6, decidimos partir de madrugada, rumo a um afluente do ribeirão de onde poderíamos fazer um exame exaustivo da arca para determinar o nosso destino futuro.

La Cruz del Sur anunciava uma entrevista com os Cambas; Orlando era um pouco menos perto. O rádio chileno anunciava noticiários censurados, o que mostrava haver cerca de 1.800 homens na região, procurando por nós.

h — 1.750 ms.

7 de outubro de 1967

Cumpriram-se os onze meses de nossa inauguração guerrilheira, sem complicação, bucolicamente, até as 12,30 horas em que uma velha, pastoreando suas cabras, entrou no *canyon* onde acampáramos e foi preciso prendê-la. A mulher não deu nenhuma notícia fidedigna so-

Rota da guerrilhas comandadas por Che, na Bolívia.

bre os soldados, respondendo a tudo que não sabia, que faz tempo que ela não passa lá. Só deu informações sobre os caminhos; do resultado do relatório da velha depreende-se que estamos aproximadamente a uma légua de Higueras, outra de Jegüey e duas de Pucará. Às 17,30, Inti, Aniceto e Pablito foram à casa da velha, que tem uma filha e outra meio anã. Demos-lhes cinqüenta pesos com a recomendação de que não falasse uma única palavra, mas com poucas esperanças de que cumpra, apesar das promessas. Saímos os 17 com uma lua pequena e a marcha foi muito cansativa e deixou muitas marcas pelo *canyon* onde estávamos, que não tem casas por perto, mas sim plantações de batatas, irrigadas por canais do próprio córrego. Às 2 paramos para descansar, pois já era inútil continuar avançando. Chino torna-se um verdadeiro peso quando é preciso andar de noite.

O Exército deu uma estranha informação sobre a presença de 250 homens em Serrano, para impedir a passagam dos sitiados em número de 37, localizando a zona de nosso refúgio entre o rio Acero e o Oro. A notícia parece diversionista.

h — 2.000m.

(Extraído do livro *Diário da Guerrilha Boliviana*, Edições Populares, São Paulo, 1980.)

Carta de Che ao Comandante Fidel Castro

Havana, 1º de abril de 1965*
"Ano da Agricultura"

Fidel:

Lembro-me nesta hora de muitas coisas, de quando te conheci na casa de Maria Antónia, de quando você me propôs ir junto, de toda a tensão dos preparativos.

Um dia alguém passou perguntando quem deveria ser avisado em caso de morte, e a possibilidade real do fato golpeou-nos a todos. Depois soubemos que era verdade, que numa Revolução ou se vence

---

* *Lida por Fidel Castro a 3 de outubro de 1965, em praça pública, por ocasião da apresentação do Comitê Central do Partido Comunista Cubano.*

ou se morre (se ela for verdadeira). Muitos companheiros ficaram ao longo do caminho para a vitória.

Hoje tudo tem um tom menos dramático porque já amadurecemos, mas o fato é o mesmo. Sinto que cumpri a parte de meu dever que me ligava à Revolução Cubana em seu território e me despeço de ti, dos companheiros, de teu povo que já é meu.

Demito-me formalmente de meu postos na Direção do Partido, do meu cargo de Ministro , de minha patente de Comandante, de minha condição de cubano. Nada legal me liga a Cuba, apenas laços de outro tipo, que não se podem romper como as atribuições.

Fazendo um rápido balanço de minha vida passada, creio haver trabalhado com suficiente honestidade e dedicação, para consolidar a vitória revolucionária. Minha única falta de certa gravidade foi não haver confiado mais em ti desde os primeiros momentos de Sierra Maestra e não haver entendido com rapidez suficiente tuas qualidades de líder e revolucionário. Vivi dias maravilhosos e senti ao teu lado o orgulho de pertencer ao nosso povo nos dias luminosos e tristes da Crise do Caribe.

Poucas vezes brilhou mais alto um estadista quanto naqueles dias, orgulho-me também de haver seguido teus passos sem vacilações, identificado com a tua maneira de pensar e de ver e de apreciar os perigos e os princípios.

Outras terras do mundo reclamam o concurso de meus modestos esforços. Eu posso fazer aquilo que te é negado pela tua responsabilidade à frente de Cuba e chegou a hora de separar-nos.

Saiba-se que faço isso com um misto de alegria e de dor; deixo aqui o mais puro das minhas esperanças de construtor e os mais amados dentre meus entes queridos... e deixo um povo que me admitiu como um filho; isso dilacera uma parte de meu espírito. Nos novos campos de batalha carregarei a fé que me inculcaste, o espírito revolucionário de meu povo, a sensação de cumprir com o mais sagrado dos deveres: lutar contra o imperialismo onde quer que ele esteja; isso reconforta e cura sobejamente qualquer ferida.

Digo mais umam vez que libero Cuba de qualquer responsabilidade, salvo a que emanar de seu exemplo. Se me chegar a hora definitiva sob outros céus, meu último pensamento será para este povo e especialmente para ti. Agradeço aquilo que me ensinaste e teu exemplo, ao qual tentarei ser fiel até as últimas conseqüências dos meus atos. Digo que sempre me identifiquei com a política externa da Revolução e que assim permaneço. Que no lugar que eu estiver sentirei a responsabildade de ser revolucionário cubano e agirei como tal. Que não deixo aos meus filhos e minha mulher nada de material e isto não me aflige: alegra-me que assim seja. Que não peço nada para eles, pois o Estado lhes dará o suficiente para viver e educar-se.

Teria muitas coisas a dizer, a ti e ao nosso povo, mas sinto que são desnecessárias, as palavras não podem exprimir o que eu sinto, e não vale a pena sujar mais papel.

Até a vitória, sempre. Pátria ou Morte!

Abraça-te com todo o fervor revolucionário

Che.

Carta de Che a Seus Pais

Queridos velhos:

Outra vez sinto sob os meus calcanhares o lombo de Rocinante, retomo o caminho com meu escudo no braço.

Faz quase dez anos que lhes mandei outra carta de despedida. Se me recordo bem lamentava não ser melhor soldado, nem melhor médico; o segundo já não me interessa, e como soldado não sou tão ruim assim.

Nada mudou na essência, só que sou muito mais consciente, meu marxismo está enraizado e depurado. Acredito na luta armada como única solução para os povos que lutam para se libertar, e sou conseqüente com as minhas convicções. Muitos dirão que sou aventureiro, eu sou de fato, só que de um tipo diferente, daqueles que entregam a pele para demonstrar suas verdades.

Pode ser que esta viagem seja definitiva. Não procuro isso, mas está dentro do quadro lógico de probabilidades. Se for assim, lá vai meu último abraço.

Gostei muito de vocês, só que não soube expressar meu carinho, sou extremamente rígido nas minhas ações e penso que às vezes não me entenderam. Por outro lado, não era fácil entender-me.

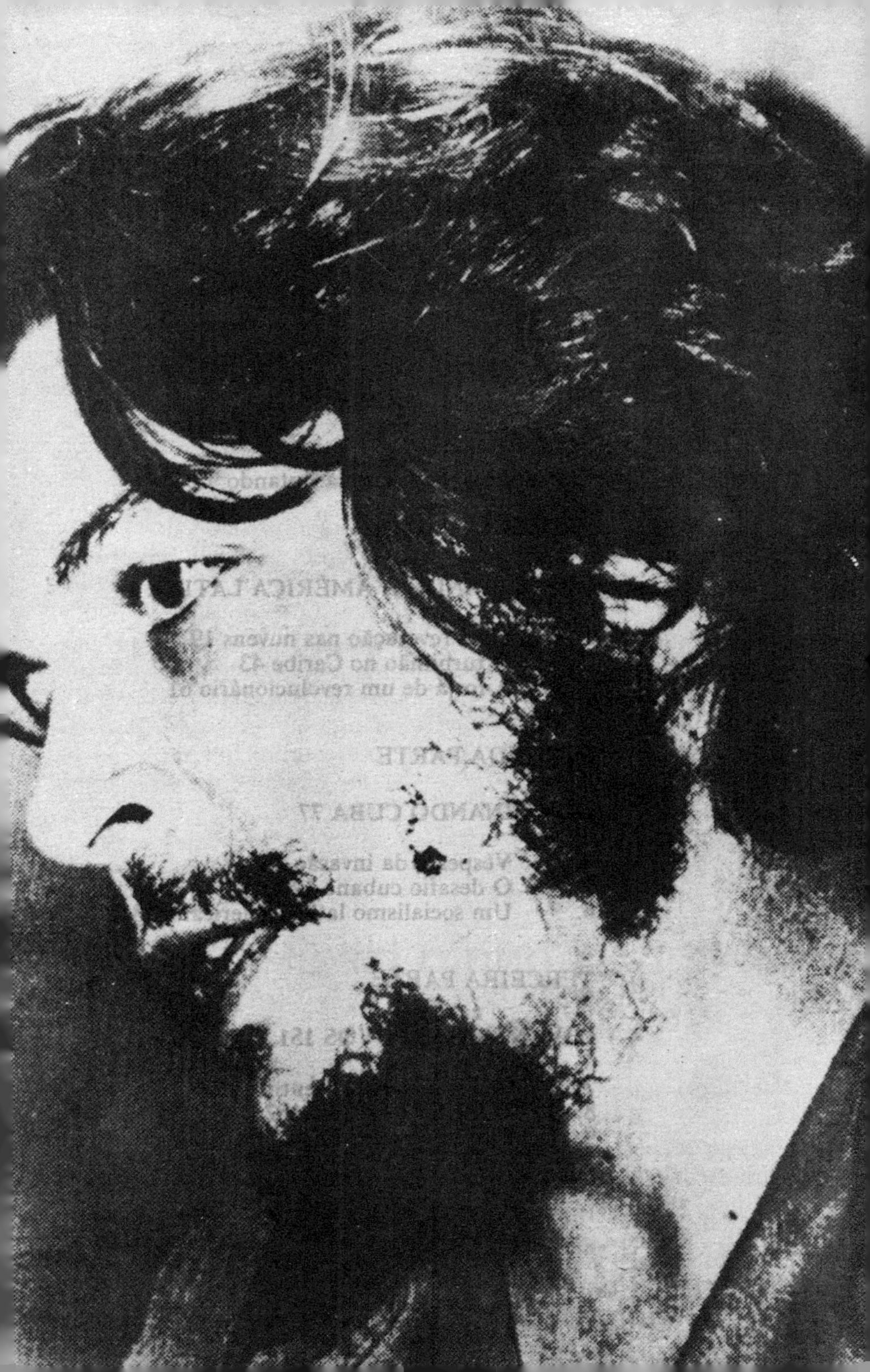

Agora, uma vontade que tenho polido com deleite de artista sustentará umas pernas flácidas e uns pulmões cansados. Farei isso.

Lebrem-se de vez em quando deste pequeno *condotieri* do século XX. Um beijo para Celia, Roberto, Juan Martín, Patotín e Beatriz e todos. Para vocês um grande abraço do filho pródigo e recalcitrante.

Ernesto.

Carta aos Filhos

"A meus filhos

Queridos Hildita, Aleidita, Camilo, Célia e Ernesto:

Se alguma vez tiverem de ler esta carta será porque já não estarei entre vocês.

Quase não se lembrarão de mim e os pais pequeninos não lembrarão nada.

Seu pai foi um homem que atua como pensa e, por certo, foi leal a suas convicções.

Cresçam como bons revolucionários. Estudem muito para poder dominar a técnica que permite dominar a natureza. Lembrem-se que a revolução é o importante e que cada um de nós, sózinho, não vale nada.

Sobretudo, sejam sempre capazes de sentir, no mais profundo, qualquer injustiça cometida contra qualquer pessoa em qualquer parte do mundo. É a qualidade mais linda de um revolucionário.

Até sempre, filhinhos, espero vê-los ainda. Um beijão e um abraço do

Papai"

Carta à Hildita

15 de fevereiro de 1966.

"Hildita querida:

Hoje te escrevo, embora a carta demore muito em chegar as tuas mãos; mas quero que saibas que me lembro de ti e espero que estejas passando um aniversário muito feliz. Já és quase uma mulher e já não é possível escrever-te como às crianças, contando tolices e mentirinhas.

“Permanecer sempre aberto às novas experiências, para conformar a grande experiência da humanidade.”

Deves saber que estou e estarei durante muito tempo longe de ti, fazendo o que posso para lutar contra nossos inimigos. Não que seja muita coisa, mas alguma coisa estou fazendo e creio que poderás sempre te orgulhar de teu pai, assim como eu me orgulho de ti.

Lembra-te que ainda faltam muitos anos de luta e mesmo quando fores mulher terás que fazer tua parte na luta. Enquanto isso, tens que preparar-te, ser muito revolucionária, o que, na tua idade, significa aprender muito, o mais que fôr possível, e estar sempre pronta para apoiar as causas justas. Além disso, obedecer a tua mãe e não te julgares capaz de tudo antes do tempo. O tempo chegará...

Deves lutar para ser das melhores alunas na escola. Melhor em todos os sentidos; já sabes o que quero dizer: estudo e atitude revolucionária, isto é, boa conduta, seriedade, amor à revolução, companheirismo, etc.

Eu não era assim quando tinha a tua idade, mas vivia numa sociedade diferente, onde o homem era inimigo do homem. Tens agora o privilégio de viver outra época e tens que ser digna dela.

Não te esqueças de olhar pela casa, de vigiar os outros garotos e aconselhá-los a que estudem e se comportem bem, principalmente Aleidita, que te respeita muito como irmã mais velha.

Bem, querida, mais uma vez, feliz aniversário. Dá um abraço em tua mamãe e em Gina e recebe um abração bem apertado, que valha por todo esse tempo em que não nos vemos, de teu

Papai"

Ao Comandante Camilo Cienfuegos

2 de abril de 1958,
9h55

Camilo:

Não desperdice balas em combates sem importância. Aqui a coisa esteve boa, pois Vilo e o pessoal se atracaram durante umas cinco horas. Não aconteceu nada, além das coisas que queimaram; é possível que tenhamos matado um deles.

Organiza todo o pessoal e tenta saber quantos hectares e quantas cabeças de gado possui a Candelaria; tenta enviar o Vitorino para bater um papo comigo. Mantenha-me informado de tudo.

Comunique-se com (ilegível).

Dê instruções ao Chivo para que opere na região Bayamo-Veguitas. (Por esse lado e não por outro). Diga a ele que enviarei o pessoal assim que chegarem.

Che

Mando umas cartas. O pacote é do Chivo.

Carta a Ernesto Sábato

Havana, 12 de abril de 1960
"Ano da Reforma Agrária"

Sr. Ernesto Sábato
Santos Lugares,Argentina

Prezado patrício:

Faz já uns quinze anos, quando conheci um filho seu, que já deve estar próximo dos vinte, e sua mulher, naquele lugar que acredito se chamava "Cabalando", em Carlos Paz e, depois, quando li seu livro *Uno y el Universo*, que me fascinou, não pensava que viria a ser o Sr. — possuidor daquilo que era para mim o mais sagrado do mundo, o título de escritor — quem viesse me pedir, com o passar do tempo, uma definição, uma tarefa de reencontro, como o Sr. diz, baseado numa autoridade avalidada por alguns fatos e muitos fenômenos subjetivos.

Fiz estes comentários preliminares apenas para lembrar-lhe que pertenço, apesar de tudo, à terra onde nasci, e que sou ainda capaz de sentir profundamente todas as suas alegrias, todas as suas esperanças e também suas decepções. Seria difícil explicar-lhe por que "isto" não é uma Revolução Libertadora; talvez tivesse que dizer-lhe que vi as aspas nas palavras que o Sr. denuncia, já nos primeiros dias, e eu identifiquei aquela palavra com a mesma coisa que acontecera numa Guatemala que eu acabara de abandonar, vencido e quase decepcionado. E como eu, éramos todos aqueles que participamos desde o início nesta aventura estranha, e que fomos aprofundando nosso senso revolucionário no contato com as massas camponesas, em profundo inter-relacionamento, durante dois anos de lutas cruéis e de tarefas realmente vultosas.

Não poderíamos ser "libertadora" porque não éramos parte de um exército plutocrático, éramos apenas um novo exército popular, que se levantou em armas para destruir o velho; e não poderíamos ser "libertadora" porque nossa bandeira de combate não era uma vaca, mas, em todo caso, um arame de divisa latifundiária destroçado por um trator, o que é hoje o símbolo do nosso INRA (Instituto Nacional de Reforma Agrária). Não podíamos ser "libertadora" porque nossas empregadinhas choraram de alegria no dia em que Batista foi embora e entramos em Havana e hoje continuam dando informações sobre todas as manifestações e todas as ingênuas conspirações do pessoal "Country Club", que é o mesmo pessoal "Country Club" que o Sr. conheceu lá e que foram às vezes seus companheiros de ódio contra o peronismo.

Aqui, a forma de submissão da intelectualidade tomou um aspecto muito menos sutil que na Argentina. Aqui, a intelectualidade era escrava no duro, não fantasiada de indiferente, como lá, e muito menos fantasiada de inteligente; era uma escravidão simples, colocada a serviço de uma causa de opróbrio, sem complicações; esbravejavam, apenas. Mas tudo isto é apenas

> “A culpa de muitos dos nossos intelectuais e artistas reside em seu pecado original: não são autenticamente revolucionários.”

literatura. Encaminhar ao Sr., como o Sr. fez comigo, um livro sobre a ideologia cubana, seria encaminhá-lo a um prazo de um ano à frente; hoje só posso mostrar, como uma tentativa de teorização desta Revolução, primeira tentativa a sério, talvez, mas muito prático, como o são todas as nossas coisas de empíricos inveterados, este livro sobre a *Guerra de Guerrilhas*. Ele é quase que um expoente pueril de que sei colocar uma palavra após a outra; não tem a pretensão de explicar as grandes coisas que inquietam o Sr. e talvez tampouco pudesse explicá-las o segundo livro que tenciono publicar, se as circunstâncias nacionais e internacionais não me obrigarem novamente a empunhar um fuzil (tarefa que desprezo como governante mas que me entusiasma como homem que preza a avantura). Antecipando aquilo que pode vir ou não (o livro), posso lhe dizer, tentando sintetizar, que esta Revolução é a mais genuína criação da improvisação.

Em Sierra Maestra, um dirigente comunista que nos visitara, admirado com tanto improviso e com a maneira com que funcionavam todas as molas, que funcionavam por conta própria, a uma organização central, dizia que se tratava do caos mais perfeitamente organizado do

Grande escritor, Guevara era um repórter de seu tempo.

universo. E esta Revolução é assim, por que se movimentou à frente da própria ideologia. Devemos lembrar que Fidel Castro era um candidato a deputado por um partido burguês, tão burguês e respeitável quanto o Partido Radical na Argentina; que seguia a linha de um líder desaparecido, Eduardo Chibás, com características que poderiam ser semelhantes às do mesmo Irigoyen; e nós, que acompanhávamos Fidel, éramos um grupo de homens com pouco preparo político, contando somente com a boa vontade e nossa honestidade inata. Foi assim que gritamos: "no ano de 1956 seremos heróis ou mártires". Um pouco antes, gritávamos, ou melhor, Fidel gritava: "vergonha contra dinheiro". Sinterizávamos em frases singelas nossa também singela atitude.

A guerra nos revolucionou. Não existe experiência mais profunda para o revolucionário do que o ato da guerra; não o fato isolado de matar, nem o de carregar um fuzil ou estabelecer uma luta deste ou daquele tipo. É a totalidade do fato guerreiro, quando se sabe que um homem armado vale enquanto unidade combatente, e tem o mesmo valor de qualquer homem armado, e pode não mais ter medo de outros homens armados. Explicar, nós mesmos, os dirigentes, aos camponeses indefesos, como eles poderiam empunhar um fuzil e demonstrar a esses soldados que um camponês armado valia tanto quanto o melhor deles; aprender, também, que a força de um *não* vale nada se não está apoiada na força de todos; aprender, ao mesmo tempo, que as palavras de ordem revolucionárias devem responder a palpitantes anseios do povo; e aprender a conhecer as vontades profundas do povo e transformá-las em bandeiras de agitação política. Foi isto que todos nós fizemos e compreendemos que o desejo do camponês pela tarra era o mais forte estímulo de luta que era possível encontrar em Cuba. Fidel entendeu muitas coisas mais; desenvolveu-se nele o extraordinário líder que hoje é, com a gigantesca capacidade de aglutinar o povo. Pois Fidel, acima de tudo, é o aglutinador por excelência, o guia indiscutido que acaba com todas as divergências e cuja desaprovação destrói. Muitas vezes usado, desafiado outras, por dinheiro ou por ambição, é sempre temido por seus adversários. Assim nasceu esta Revolução, assim foram sendo criadas as suas palavras de ordem e assim foi-se, aos poucos, teorizando sobre fatos para criar uma ideologia que vinha no encalço dos acontecimentos. Quando nós lançamos nossa Lei de Reforma Agrária na Sierra Maestra, comprovamos que já tinham sido realizadas diversas partilhas de terras no local. Após entender na prática uma série de fatores, apresentamos nossa primeira tímida lei, que não ousava tocar no ponto mais importante: o extermínio do latifúndio.

Nós não fomos muito mal vistos pela imprensa continental por dois motivos: primeiro, porque Fidel é um extraordinário político, que nunca mostrou suas intenções além de certos limites e soube conquistar a admiração de jornalistas de grandes empresas que simpatizavam com ele e usaram o fácil caminho da crônica sensacionalista; o outro, simplesmente porque os norte-americanos, que são os grandes fabricantes de testes e tabelas para tudo, aplicaram esses testes e tabelaram Fidel. Segundo os códigos deles, onde estava escrito "vamos nacionalizar os serviços públicos", devia ler-se: "evitaremos que isso aconteça se recebermos um razoável apoio": onde estava escrito "vamos acabar com o latifúndio", devia ler-se "utilizaremos o latifúndio como uma boa base para arrancar dinheiro para a nossa campanha política ou para o nosso próprio bolso", e assim por diante. Nunca passou pela cabeça deles que aquilo que Fidel Castro e o nosso movimento disseram de maneira tão ingênua e drástica fosse exatamente o que pensávamos fazer; fomos para eles o grande logro deste meio século, dissemos a verdade aparentando distorcê-la. Eisenhower disse que traímos os nossos princípios, o que é parte da verdade dele; traímos a imagem que eles tinham feito de nós, como na história do pastor mentiroso, mas, contrariamente, não acreditaram em nós. Por isso estamos agora falando uma linguagem que é também nova, porque continuamos andando muito na frente daquilo que pode pensar e estruturar o nosso pensamento, estamos num movimento constante e a teoria anda muito lentamente, tão lentamente que, após escrever nos pouquíssimos momentos que me restam este manual que agora lhe envio, acho que ele quase não serve para Cuba. Para o nosso país, no entanto, pode ser útil, só que é preciso

> “Seu pai foi um homem que atua como pensa e, por certo foi leal às suas convicções.”
>
> (A meus filhos)

usá-lo com inteligência, sem pressa nem futilidades. Por isso eu tenho, medo de tentar descrever a ideologia do movimento; quando eu a publicasse, todos iriam pensar que se trata de uma obra escrita há muitos anos.

Enquanto se torna aguda a situação no exterior e a tensão internacional aumenta, nossa Revolução, por necessidade de sobrevivência, deve tornar-se aguda e, cada vez que a Revolução se torna aguda, aumenta a tensão e a Revolução se torna mais uma vez aguda. Trata-se de um círculo vicioso que parece tender a ficar cada vez mais estreito até rasgar, no momento indicado acharemos uma maneira de sair da enrascada. Posso, no entanto, lhe dar a certeza de que este povo é forte, porque lutou e venceu e sabe o valor da vitória; conhece o sabor das balas e das bombas e também o sabor da opressão. Saberá lutar com exemplar inteireza. Ao mesmo tempo asseguro-lhe que, quando esse momento chegar, apesar de eu estar fazendo agora algumas tímidas tentativas a respeito, teremos teorizado muito pouco e deveremos resolver os problemas com a agilidade que a vida guerrilheira nos deu. Eu sei que nesse dia, a sua arma de intelectual honesto atirará em direção ao inimigo, e que poderemos contar com o Sr. lá, presente e lutando junto conosco. Esta carta foi um pouco longa e não está isenta dessa certa pose que às pessoas simples, como nós, impõe, porém, a tentativa de demonstrar diante de um pensador, que somos também aquilo que não somos: pensadores. Seja como for, estou à sua disposição.

Cordialmente,

Ernesto Che Guevara

Paixão e Morte de Um Revolucionário

Até a Vitória Sempre!

(Discurso pronunciado por Fidel Castro no velório solene em memória do comandante Ernesto Che Guevara, na Praça da Revolução, Havana, em 18 de outubro de 1967. O título foi extraído da edição de Ernesto Che Guevara, escritos y discursos, *Editorial de Ciências Sociales, Havana, 1977.)*

Companheiras e companheiros revolucionários:

Foi num dia do mês de julho ou agosto de 1955 que conhecemos o Che. E em um noite — como ele conta em suas narrativas — converteu-se num futuro expedicionário do "Granma". Porém nessa época aquela expedição não tinha barco, nem armas, nem tropas. E foi assim que, junto com Raul, o Che integrou o grupo dos dois primeiros da lista do "Granma".

Doze anos se passaram desde então e foram doze anos carregados de lutas e de história. Ao longo desses anos a morte segou muitas vidas valiosas e irreparáveis. Por outro lado, porém, ao longo desses anos surgiram pessoas extraordinárias, nesses anos de nossa Revolução, e se

Guevara morreu como queria: lutando.

forjaram entre os homens da Revolução, entre os homens e o povo, laços de afeto e laços de amizade que ultrapassam toda expressão possível.

Nesta noite nos reunimos, vocês e nós, para tentar expressar de algum modo esses sentimentos com relação àquele que foi um dos mais familiares, um dos mais admirados, um dos mais queridos e, sem dúvida alguma, o mais extraordinário de nossos companheiros de revolução. Expressar esses sentimentos a ele e aos heróis que com ele combateram, aos heróis desse exército internacionalista que tombaram com ele, que estiveram escrevendo uma página gloriosa e inesquecível da história.

Che era uma pessoa a quem todos imediatamente se afeiçoavam, por sua simplicidade, seu caráter, sua naturalidade, seu companheirismo, sua personalidade, sua originalidade, mesmo quando ainda não conheciam as demais virtudes singulares que o caracterizavam.

Naqueles primeiros momentos era ele o médico de nossa tropa. E dessa forma foram nascendo os laços e os sentimentos. Podia-se vê-lo impregnado de um profundo sentimento de ódio e desprezo ao imperialismo. Não apenas porque a sua formação política já adquiria um notável grau de desenvolvimento, mas porque havia muito pouco tempo tivera a oportunidade de presenciar na Guatemala a criminosa intervenção imperialista por meio de soldados mercenários que impediram a Revolução naquele país.

Para um homem como ele não se necessitava de muitos argumentos. Bastava-lhee saber que Cuba vivia uma situação semelhante, bastava-lhe saber que havia homens decididos a combater de armas na mão essa situação, e bastava-lhe saber que aqueles homens estavam inspirados em sentimentos genuinamente revolucionários e patrióticos. E isso era mais que suficiente.

Desse modo, um dia, em fins de novembro de 1956, empreendeu conosco a marcha rumo a Cuba. Recordo que aquela travessia foi muito dura para ele, já que, dadas as circunstâncias em que foi nescessário organizar a partida, nem sequer pode prover-se dos remédios de que necessitava, e fez toda a travessia sob forte ataque de asma, sem um único alívio, mas também sem uma única queixa.

Chegamos, empreendemos as primeiras marchas, sofremos o primeiro revés e, ao fim de algumas semanas, voltamos a reunir-nos — como já sabem — um grupo dos que restavam da expedição do "Granma". Che continuava sendo médico de nossa tropa.

Veio o primeiro combate vitorioso e o Che já era soldado de nossa tropa e, ao mesmo tempo, era ainda o médico. Veio o segundo combate vitorioso e Che já não foi apenas um soldado, mas foi o mais destacado dos soldados nesse combate, realizando pela primeira vez uma daquelas proezas singulares que o caracterizavam em todas as ações. Nossa força continuou a desenvolver-se e deu-se um combate de extraordinária importância naquele momento.

A situação era difícil, as informações eram, em muitos sentidos, errôneas. Iamos atacar em pleno dia, ao amanhecer, uma posição fortemente defendida, à beira-mar, bem armada e com tropas inimigas à nossa retaguarda, numa distância não muito grande. Em meio àquela situação confusa em que foi necessário pedir aos homens um esforço supremo, uma vez mais o companheiro Juan Almeida assumiu uma das missões mais difíceis. Restava, todavia, um dos flancos completamente desprovidos de forças, restava um flanco sem força atacante, o que podia pôr em risco a operação.

E naquele instante o Che, que ainda era médico, pediu três ou quatro homens, entre eles um homem com um fuzil-metralhadora e, em questão de segundos, empreendeu rapidamente a marcha para assumir a missão de ataque por aquela direção.

E naquela ocasião não foi apenas um combatente destacado, mas também um destacado médico, prestando assistência aos companheiros feridos e assitindo, ainda, aos soldados inimigos feridos. E quando se fez necessário abandonar aquela posição, uma vez tomadas todas a armas, e empreender uma longa marcha, acossados por diferentes forças inimigas, foi necessário que alguém permanecesse junto dos feridos, e junto aos feridos permaneceu o Che. Ajudado por um pequeno grupo de nossos soldados ele os atendeu, salvou-lhes a vida e posteriormente incorporou-se com eles à coluna.

Já naquele instante surgia como um chefe capaz e valente, desse tipo de homens que, quando é preciso cumprir uma missão difícil, não espera que lhe peçam que a execute.

Assim fez quando do combate do Uvero, mas também assim havia sido em outra ocasião quando, nos primeiros tempos, graças a uma traição, nossa pequena tropa foi atacada de supresa por numerosos aviões e, quando nos retirávamos sob o bombardeio e já tínhamos caminhado um pedaço, lembramo-nos de alguns fuzis de uns soldados camponeses que tinham estado conosco nas primeiras ações e posteriormente tinham solicitado permissão para visitar seus familiares, quando ainda não havia em nosso incipiente exército muita disciplina. Naquele momento consideramos a possibilidade de que os fuzis se perdessem. Lembro-me que imediatamente após ser levantada a questão, e sob o bombardeio, o Che se ofereceu e partiu imediatamente para recuperar os fuziz perdidos.

Essa era uma de suas características essenciais: a disposição imediata, instantânea, de oferecer-se para realizar a missão mais perigosa. E isso, naturalmente gerava uma admiração, uma dupla admiração em relação àquele companheiro que lutava conosco, que não havia nascido nesta terra, que era um homem de idéias profundas, que era um homem em cuja mente dançavam sonhos de luta em outras partes do continente e, contudo, tinha aquele altruísmo, aquele interesse, aquela disposição para fazer sempre o mais difícil, para arriscar sua vida constantemente.

Foi assim que ganhou os postos de comandante e de chefe de segunda coluna que se organizou na Sierra Maestra. Foi assim que começou a crescer seu prestígio, que começou a assumir sua forma de magnífico combatente que o levou a alcançar os mais altos graus no decorrer da guerra.

Che era um soldado insuperável. Che era um chefe insuperável. Che era, do ponto de vista militar, um homem extraordinariamente capaz, extraordinariamente valoroso, extraordinariamente agressivo. Se, como guerrilheiro, tinha um calcanhar de Aquiles, esse era sua excessiva agressividade, era seu absoluto desprezo ao perigo.

Os inimigos pretendem tirar conclusões de sua morte. Che era um mestre da guerra, Che era um artista da luta guerrilheira! E isso ele o demonstrou infinidades de vezes, mas o demonstrou sobretudo em duas proezas extraordinárias, a invasão à frente de uma coluna perseguida por milhares de soldados, através de território absolutamente plano e desconhecido realizando, junto com Camilo, uma formidável façanha militar.

Mas, além disso, ele o demonstrou em sua fulminante campanha em Las Villas, e o demonstrou sobretudo em seu audaz ataque à cidade de Santa Clara, onde penetra com uma coluna de apenas 300 homens, estando a cidade defendida por tanques, artilharia e vários milhares de soldados de infantaria.

Essas duas façanhas consagraram-no como um chefe extraordinariamente capaz, como um mestre, como um artista da guerra revolucionária. Todavia, a partir de sua morte heróica e gloriosa pretendem negar a veracidade ou o valor de suas concepções e idéias guerrilheiras. Pode mover o artista, principalmente quando se é artista de uma arte tão perigosa como a luta revolucionária, mas o que não morrerá de forma alguma é a arte à qual consagrou a sua vida e à qual consagrou sua inteligência.

Que há de estranho em que esse artista morra em um combate? Muito mais extraordinário ainda é o fato de que nas inúmeras ocasiões em que arriscou sua vida durante nossa luta revolucionária não tivesse morrido em algum combate. E foram muitas as vezes em que precisamos agir para impedir que em ações de menor importância viesse a perder a vida.

E assim, em um combate, em um dos tantos combates que travou, perdeu a vida. Não temos elementos suficientes para fazer um julgamento sobre todas as circunstâncias que precederam esse combate, sobre até que ponto teria agido de uma maneira exessivamente agressiva, mas — repetimos — se como guerrilheiro tinha um calcanhar de Aquiles, esse era sua excessiva agressividade, seu absoluto desprezo pelo perigo.

É nesse ponto que é difícil concordar com ele, porque nós entendemos que sua vida, sua experiência, sua capacidade de chefe aguerrido, seu prestígio e tudo que ele significava em vida era muito mais, incomparavelmente mais que a avaliação que talvez tenha feito de si mesmo. Pode ser que tenha influído profundamente em sua conduta a idéia de que os homens têm um valor relativo na história, a idéia de que as causas não são derrotadas quando os homens caem e que a irrefreável marcha da história não se detém nem se deterá ante a queda dos chefes.

E isso é certo, isso não se pode pôr em dúvida. Isso demostra sua fé nos homens, sua fé nas idéias, sua fé no exemplo. Contudo — como disse há alguns dias — gostaria de todo o coração de vê-lo forjando novas vitórias, forjando sob sua chefia, forjando sob sua direção, as vitórias, porque os homens de sua experiência, de sua dimensão, de sua capacidade relmente singular, são homens pouco comuns.

Podemos apreciar todo o valor de seu exemplo e temos a mais absoluta certeza de que esse exemplo servirá de emulação e servirá para que do seio dos povos surjam homens parecidos com ele.

Não é difícil conjungar em uma pessoa todas as virtudes que se conjugavam. Nao é fácil que, de modo espontâneo, uma pessoa seja capaz de desenvolver uma personalidade como a sua. Diria que é desses tipos de homens difíceis de serem igualados e praticamente impossíveis de seram superados. Direi, porém, que homens como ele são capazes, com seu exemplo, de ajudar a que surjam homens como ele.

Porque no Che não admiramos apenas o guerreiro, o homem capaz de grandes proezas. E o que ele fez, o que ele estava fazendo, o fato em si de, com apenas um punhado de homens, enfrentar todo um exército oligárquico instruído pelos assessores ianques, apoiado pelo imperialismo e por todas as oligarquias dos países vizinhos, esta fato, em si, constitui uma proeza extraordinária. Em se buscarmos nas páginas da história, não encontraremos, possivelmente, nenhum caso de alguém com um número tão reduzido de homens a empreender uma tarefa de tamanha envergadura, nenhum caso de alguém com um número tão reduzido de homens a empreender a luta contra forças tão consideráveis.

Essa prova de confiança em si próprio, essa prova de confiança nos povos, essa prova de fé na capacidade dos homens para o combate pode ser buscada nas páginas da história e, contudo, nada de semelhante se encontrará.

E tombou.

Os inimigos acreditam ter derrotado suas idéias, ter derrotado sua concepção guerrilheira, ter derrotado seus pontos de vista sobre a luta revolucionária armada. E o que conseguiram foi, com um golpe de sorte, eliminar sua vida física. O que conseguiram foi conseguir as vantagens acidentais que um inimigo pode conseguir na guerra. E esse golpe de sorte não sabemos até que ponto ajudado por essa característica a que nos referimos anteriormente, a agressividade excessiva, o absoluto desprezo pelo perigo, em um combate igual a tantos outros.

Isso também aconteceu em nossa guerra de independência. Em um combate em Dois Rios

mataram o Apóstolo de nossa independência. Em um combate em Ponta Brava mataram Antônio Maceo, veterano de centenas de combates. Em combates semelhantes, morreram infinidades de patriotas de nossa guerra de independência. E, contudo, isso não causou a derrota da causa cubana.

A morte de Che — como disse há alguns dias — é um duro golpe, é um golpe tremendo para o movimento revolucionário porque o priva, sem dúvida, de seu chefe mais experimentado e capaz.

Mas estão enganados os que cantam vitória. Enganam-se os que crêem que sua morte é a morte de suas idéias, a derrota de sua táticas, a derrota de suas concepções guerrilheiras, a derrota de sua teses. Porque aquele homem que caiu como homem mortal, como homem que se expunha muitas vezes às balas, como militar, como chefe, é mil vezes mais capaz que aqueles que, com um golpe de sorte, o mataram.

Mas, como devem os revolucionários enfrentar esse golpe adverso? Como devem enfrentar essa perda?

Qual seria a opinião do Che se tivesse que emiti-la sobre esse assunto? Essa opinião ele a deu, essa opinião ele a expressou com toda a clareza quando escreveu em sua Mensagem à Conferência de Solidariedade Latino-americana que se em algum lugar o surpreendesse a morte, benvida fosse, sempre que esse seu grito de guerra chegasse a ouvidos receptivos e outra mão se estendesse para empunhar a arma.

Mas, esse seu grito de guerra chegará não a um ouvido receptivo, chegará a milhões de ouvidos receptivos! E não apenas uma, mas milhares de mãos estender-se-ão para empunhar as armas! Novos chefes surgirão, e os homens, ou ouvidos receptivos, as mãos que se estenderem precisarão de chefes que surgirão do povo, como surgiram do povo os chefes em todas as revoluções.

Essas mãos não contaram com um chefe com a experiência extraordinária do Che, com a enorme capacidade do Che. Esses chefes hão de formar-se no processo da luta, esses chefes surgirão dos milhares de ouvidos receptivos, de milhões de mãos que, mais cedo ou mais tarde, hão de estender-se para empunhar as armas. Não significa que achemos que na ordem prática da luta revolucionária sua morte venha a ter uma repercussão imediata, que na ordem prática do desenvolvimento da luta sua morte possa ter uma repercussão imediata.

Acontece que o Che, quando empunhou de novo as armas, não estava pensando em um triunfo rápido frente às forças das oligarquias e do imperialismo. Sua mente de combatente experimentado estava preparada para uma luta prolongada de cinco, dez, quinze, de vinte anos se fosse preciso. Ele estava decidido a lutar cinco, dez, quinze, vinte anos, a vida toda se fosse necessário!

E é com essa perspectiva no tempo que sua morte, que seu exemplo — que é como devemos dizer — terá uma repercussão tremenda, terá uma força invencível.

Será em vão a tentativa daqueles que se aferram so golpe de sorte de negar sua capacidade como chefe e sua experiência. Che era um chefe militar extraordinariamente capaz. Mas quando nos lembramos do Che, quando pensamos no Che não estamos pensando fundamentalmente em suas virtudes militares. Não! A guerra é um meio, não um fim. A guerra é um instrumento dos revolucionários.

O que importa é a revolução, o importante é a causa revolucionária, as idéias revolucionárias, os objetivos revolucionários, os sentimentos revolucionários, as virtudes revolucionárias! E é nesse campo, no campo das idéias, no campo dos sentimentos, no campo das virtudes revolucionárias, no campo da inteligência, além de suas virtudes militares, que sentimos a tremenda perda que sua morte significa para o movimento revolucionário.

Porque o Che reunia em sua extraordinária personalidade virtudes que raramente aparecem juntas. Ele se destacou como homem de ação insuperável, mas o Che não era apenas um homem de ação insuperável; Che era um homem de pensamento profundo, de inteligência visionária, um homem de profunda cultura. Isso significa que reunia em si o homem de idéias e o homem de ação.

Mas o Che não possuía apenas essa dupla característica de ser homem de idéias, e de idéias profundas, e de ser homem de ação. Além disso o Che reunia, como revolucionário, as virtudes que podem ser definidas como a mais completa reunião de virtudes de um revolucionário: homem de integridade inatacável, homem de suprema honradez, de sinceridade absoluta, de vida estóica e espartana, homem em cuja conduta não se pode encontrar uma única mancha. Por suas virtudes constitui o

“A nossa revolução deseja destruir tudo o que é velho.”

que pode ser chamado de um verdadeiro modelo de revolucionário.

É comum que, quando na morte dos homens, se façam discursos, destaquem-se virtudes, mas poucas vezes como nesta ocasião poder-se-á dizer de um homem, com mais exatidão, com mais justiça, o que dizemos do Che: constituiu-se em verdadeiro exemplo de virtudes revolucionárias!

Mas ainda outra qualidade se lhe acrescentava e não é uma qualidade do intelecto, não é uma qualidade da vontade, não é uma qualidade derivada da experiência, da luta, mas uma qualidade do coração. Porque o Che era um homem extraordinariamente humano, extraordinariamente sensível! Por isso dizemos, quando pensamos em sua vida, quando pensamos em sua conduta, que constituiu o caso único de um homem raríssimo capaz de conjugar em sua personalidade características de homem de ação mas também as de homem de pensamento, de homem de imaculadas virtudes revolucionárias, e de extraordinária sensibilidade humana unidas a um caráter de ferro, a uma vontade de aço, a uma tenacidade indomável. E por isso legou às gerações futuras não apenas sua experiência, seus conhecimentos como soldado destacado, mas, ao mesmo tempo, as obras de sua inteligência. Escrevia com o virtuosismo de um clássico. Suas narrativas de guerra são insuperáveis, a profundidade de seu pensamento é impressionante. Nunca escreveu sobre nenhum assunto que não o fizesse com extraordinária seriedade, com extraordinária profundidade. Alguns de seus escritos, sem dúvida alguma, passarão para a posteridade como documentos clássicos do pensamento revolucionário.

E assim, como fruto dessa inteligência vigorosa e profunda, deixou-nos uma infinidade de recordações, infinidades de relatos que, sem seu trabalho, sem seu esforço, talvez se tivessem perdido para sempre.

Trabalhador infatigável, durante os anos em que esteve a serviço de nossa pátria não conheceu um só dia de descanso. Muitas foram as responsabilidades que lhe foram atribuídas: presidente do Banco Nacional, diretor da Junta da Planificação, Ministro da Indústria, comandante de regiões militares, chefe de delegações políticas, econômicas e de missões de caráter fraternal.

Sua inteligência dotada de múltiplas facetas era capaz de desempenhar com máximo de segurança qualquer terefa, em qualquer domínio, em qualquer sentido. E assim, de maneira brilhante, representou nossa pátria em numerosas conferências internacionais, do mesmo modo que dirigiu brilhantemente os soldados no combate, do mesmo modo que foi um modelo de trabalhador à frente de qualquer instituição por que tenha passado. E para ele não houve dias de descanso, para ele não houve horas de descanso!

Se olhásemos para as janelas de sua sala de trabalho, víamos que as luzes permaneciam acesas até altas horas da noite, estudando, ou melhor, trabalhando e estudando, era um leitor infatigável. Sua sede de abarcar conhecimentos humanos era praticamente insaciável e as horas que podia arrebatar ao sono eram dedicadas ao estudo. Ele dedicava os dias regulamentares de descanso ao trabalho voluntário. Foi ele o inspirador e o impulsionador maior desse trabalho que hoje constitui-se em atividade de centenas de milhares de pessoas em todo os país, o impulsionador dessa atividade que a cada dia ganha maior força entre as massas de nosso povo.

Como revolucionário, como revolucionário comunista, verdadeiramente comunista, tinha uma infinita fé nos valores morais, tinha uma fé infinita na consciência dos homens. É preciso que se diga, em sua concepção viu com absoluta clareza que os estímulos morais era a alavanca fundamental da construção do comunismo na sociedade humana.

Ele pensou, desenvolveu e escreveu muitas coisas. E se há algo que se deva dizer num dia como hoje é que os escritos do Che, o pensamento político e revolucionário do Che terão um valor permanente no processo revolucionário cubano e no processo revolucionário da América Latina. Não temos dúvida de que o valor de suas idéias, de suas idéias tanto como homem de ação, com homem de pensamento, como homem de claras virtudes morais, como homem de insuperável sensibilidade humana, como homem de conduta moral inatacável, tem e terão um valor universal.

Os imperialistas cantam vitória ante o guerrilheiro morto em combate; os imperialistas cantam vitória ante o golpe de sorte que os levou a eliminar tão formidável homem de ação.

Mas os imperialistas talvez ignorem ou pretendam ignorar que o caráter de homem de ação era apenas uma das tantas facetas da personalidade desse combatente. Mas como de dor se trata, dói-nos não somente a perda do homem de ação, dói-nos a perda do homem virtuoso, dói-nos a perda de um homem de singular sensibilidade humana e dói pensar que o Che tinha apenas 39 anos no momento de sua morte, dói-nos pensar quantos frutos dessa experiência e inteligência, que se desenvolvia ainda mais, não teremos ocasião de conhecer.

Temos consciência da enormidade da perda para o movimento revolucionário, mas é justamente aí que reside a fraqueza do inimigo imperialista: acreditar que liquidou, com o homem, seu pensamento, suas idéias, suas virtudes, seu exemplo. E o acreditam com tal despudor que não vacilam em publicar, como a coisa mais natural do mundo, as circunstâncias, já quase universalmente aceitas, em que o executaram após ter sido gravemente ferido em combate. Nem sequer repararam como é repugnante tal procedimento, nem sequer repararam no despudor do reconhecimento. Divulgaram-no como se fosse um direito dos esbirros, como se fosse um direito dos oligarcas e dos mercenários disparar contra um combatente revolucionário gravemente ferido. E o pior é que chegam a explicar por que o fizeram, alegando que seria terrível o processo de Che, alegando que seria impossível pôr no banco de um tribunal semelhante revolucionário.

Mas não apenas isso: não vacilaram em fazer desaparecer seus restos e, verdade ou mentira, o fato é que anunciaram ter incinerado seu cadáver. Com isso, demonstram seu medo; com isso, demonstram que não estão tão convencidos de que liquidando a vida física do combatente liquidam sua idéias e seu exemplo.

Che não tombou defendendo outros interesses, defendendo outra causa que não a dos explorados e oprimidos deste continente; Che não tombou defendendo outra causa que não a dos pobres e dos humildes desta terra, e a maneira exemplar e o desinteresse com que defendeu essa causa nem mesmo seus mais encarniçados inimigos ousam contestar.

Perante a história, os homens que atuam como ele, os homens que tudo fazem e tudo dão pela causa dos humildes agigantam-se a cada dia que passa, e cada dia penetram mais rapidamente no coração dos povos. Os inimigos imperialistas já começam a perceber isto e não tardarão a comprovar que a morte do Che será, a longo prazo, como uma semente da qual surgirão muitos homens decididos a seguir seu exemplo.

Estamos absolutamente convencidos de que a causa revolucionária neste continente vai se refazer do golpe, que a causa revolucionária neste continente não será derrotada por esse golpe.

Do ponto de vista revolucionário, do ponto de vista de nosso povo, como devemos encarar o exemplo de Che? Devemos pensar que o perdemos? É certo que não voltaremos a ver novos escritos seus, é certo que não voltaremos a escutar de novo sua voz. Mas o Che deixou para o mundo um patrimônio, um enorme partrimônio, e desse patrimônio podemos — nós que o conhecemos tão de perto — ser, em grau considerável, seus herdeiros.

Ele deixou-nos seu pensamento revolucionário, deixou-nos suas virtudes revolucionárias, deixou-nos seu caráter, sua vontade, sua tenacidade, seu espírito de trabalho. Em uma palavra, deixou-nos seu exemplo! E o exemplo do Che deve ser um modelo para o nosso povo, o exemplo do Che deve ser o modelo ideal para nosso povo!

Se quisermos expressar como desejamos que sejam nossos combatentes revolucionários, nossos militantes, nossos homens, devemos dizer sem nenhum tipo de vacilação: que sejam como o Che! Se quisermos expressar como queremos que sejam os homens das futuras geraçoes, devemos dizer: que sejam como o Che! Se quisermos dizer como desejamos que sejam educadas nossas crianças, devemos dizer sem vacilação: queremos que sejam educadas no espírito do Che! Se quisermos um modelo de homem que não pertence a este tempo, um modelo de homem que pertence ao futuro, de todo o coração afirmo que esse modelo sem uma única mancha em sua conduta, sem uma única mancha em suas atitudes, sem uma única mancha em sua atuação, esse modelo é o Che! Se quisemos dizer como desejamos que sejam nossos filhos, devemos dizer de todo o coração de veementes revolucionários: queremos que sejam como o Che!

Che se converteu em um modelo de homem não apenas para nosso povo como para todos os povos da América Latina. Che levou a sua mais alta expressão o estoicismo revolucionário, o espírito revolucionário de sacrifício, a combatividade do revolucionário, o espírito de trabalho do revolucionário e Che levou as idéias do marxismo-leninismo a sua expressão mais renovada, mais pura, mais revolucionária. Ninguém como ele nestes tempos levou mais alto o espírito do internacionalismo proletário!

Quando se falar de internacionalismo proletário, quando se buscar um exemplo de internacionalista proletário esse exemplo, mais do que qualquer outro, é o exemplo do Che! De seu coração e de sua mente tinham desaparecido as bandeiras, os preconceitos, o chauvinismo, os egoísmos, e seu sangue generoso ele o estava disposto a verter pela sociedade de qualquer povo. E a vertê-lo espontaneamente, e a vertê-lo a qualquer momento! E foi assim que sangue seu derramou-se nesta terra quando foi ferido em diversos combates. Seu sangue se derramou na Bolívia pela rendenção dos explorados e dos oprimidos, dos humildes e dos pobres. Esse sangue foi derramado por todos os explorados, por todos os oprimidos; esse sangue foi derramado por todos os povos da América e foi derramado pelo Vietnã, porque lá na Bolívia, combatendo contra as oligarquias, combatendo contra o imperialismo, sabia que oferecia ao Vietnã a mais alta expressão de solidariedade.

É por isso, companheiros e companheiras da Revolução que devemos encarar com firmeza e decisão o porvir. E buscaremos sempre no exemplo de Che a

Foto onde se vê a marca da perfuração da bala sob o mamilo esquerdo de Guevara.

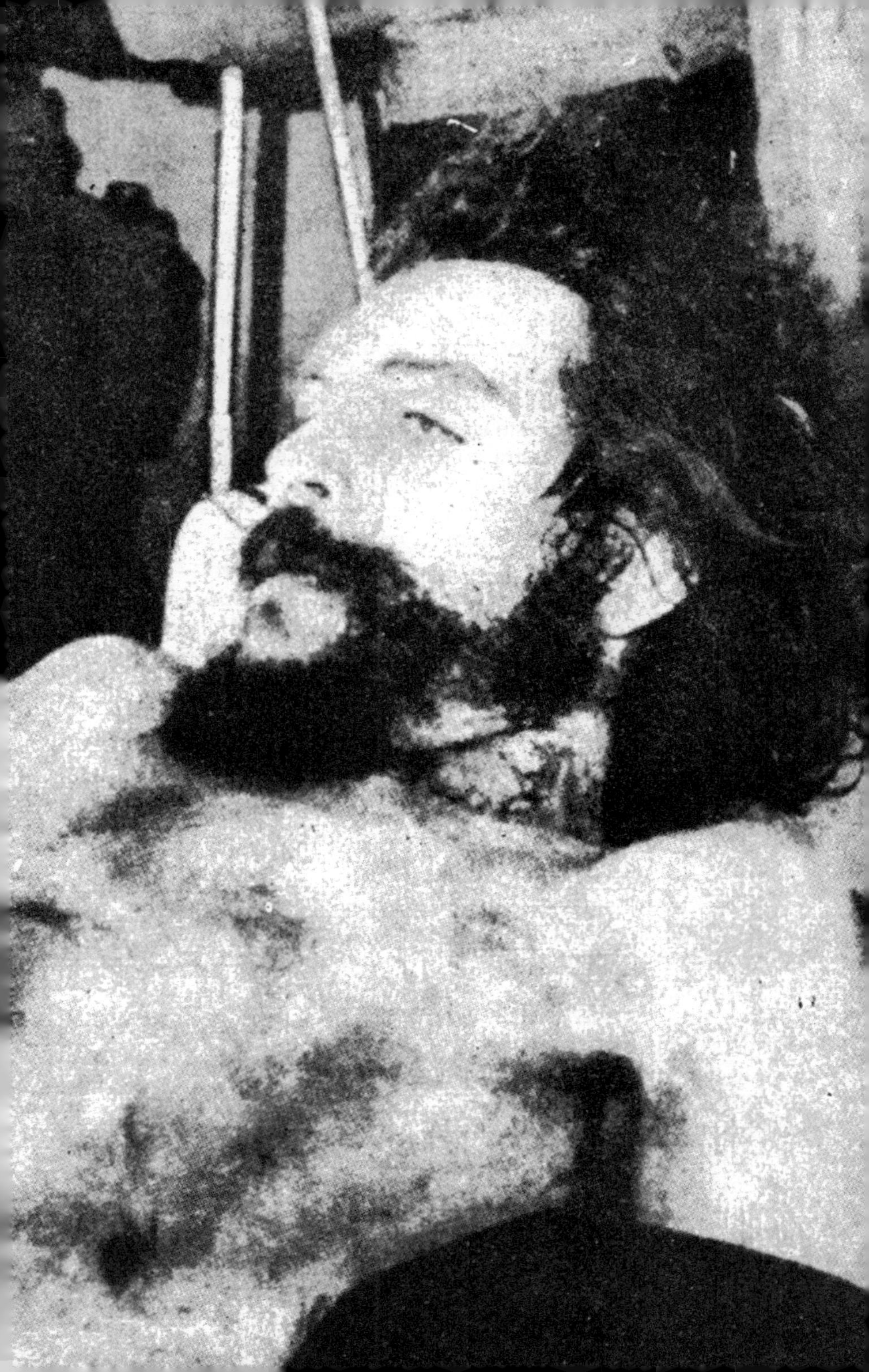

inspiração, a inspiração na luta, a inspiração na tenacidade, a inspiração na intransigência ante o inimigo e a inspiração no sentimento internacionalista!

É por isso que nós, na noite de hoje, ao final desse impressionante ato, depois dessa incrível — por sua magnitude, por disciplina e por sua devoção — demonstração de reconhecimento que bem mostra como este é um povo sensível, que mostra com este é um povo agradecido, que mostra como este povo sabe honrar a memória dos valentes tombados no cambate, que mostra mostra como sabe ser reconhecido aos que o servem, que mostra como este povo se solidariza com a luta revolucionária, como este povo levantará e manterá sempre erguida e cada vez mais alto as bandeiras revolucionárias e os princípios revolucionários; hoje, neste instante de recordação, elevemos nosso pensamento e com confiança no futuro, com confiança absoluta na vitória definitiva dos povos, digamos ao Che, e com ele aos heróis que combateram e tombaram com ele: Até a vitória sempre!

Pátria ou morte! Venceremos!

(Extraído do livro — *Che Guevara — Textos Revolucionários*, Centro Editorial Latino-Americano, São Paulo,1980.)

Estudos e Trabalho

Ernesto Guevara Lynch

Nos primeiros dias de março de 1947, quase toda a família se encontrava em Buenos Aires.

Naquela época, Ernesto ainda estava trabalhando na Direção de Vias Públicas de Córdoba, na seção de Análise de Materiais.

Depois, foi contratado para o departamento de Obras.

Mesmo com a família residindo em Buenos Aires, ele pensava em continuar trabalhando em Córdoba. Estava bem no emprego, apesar de saber que seria transferido.

Os engenheiros da obra confiavam nele.

Em algumas cartas ele comparava as matérias das faculdades de Córdoba e de Buenos Aires, o que me faz pensar que quisesse mudar, por um período mais ou menos longo, para a capital.

Creio que nessa época meu filho não estava seguro sobre que carreira seguir. Seu companheiro de trabalho nas obras públicas, e amigo íntimo, Tomás Granado, acabara de se matricular na Faculdade de Engenharia de Córboba. Pensei que Ernesto fosse fazer o mesmo.

Porém, em março de 1944, como já foi dito antes, ele abandonou tudo e voltou a Buenos Aires por causa da doença de minha mãe.

Não retornou a Córdoba, e um dia anunciou que começaria a estudar Medicina. Nesta ocasião, a doença de sua avó, a quem ele tanto queria, influenciou-o muito.

Assim que entrou na Faculade de Medicina de Buenos Aires, procurou um forma de ganhar a vida. Através de um amigo íntimo, conseguiu-lhe um cargo na seção de Abastecimento do Município, na Capital. Deste modo, Ernesto teve como custear os estudos. Posteriormente, trabalhou como vacinador.

Naquela época conheceu o dr. Salvador Pisani, médico especialista em alergia que simpatizou com ele e acreditou na sua capacidade ao ponto de dar-lhe emprego no seu laboratório. Apesar de todas as atividades, Ernesto continuou os estudos na Faculdade de Medicina de Buenos Aires e, no mês de abril de 1948, fez o seu primeiro exame. Eliminou duas matérias. No ano de 1949, foi aprovado em mais três e em 1950 termina outras três.

No mesmo ano se incorpora como enfermeiro na Marinha Mercante. Este novo emprego permitiu-lhe fazer várias viagens pela América a algumas delas em barcos petroleiros. Também em 1950 percorreu, de motocicleta, todo o norte da Argentina.

Em 1951 voltou para fazer os exames e passou em cinco matérias.

No fim deste último ano, decidiu viajar com Alberto Granado pela América do Sul. Esta viagem começou no dia 1º de janeiro de 1952 e terminou em Miami, no final de agosto. Na metade do mês de setembro ele voltou a Buenos Aires de avião.

Durante este longo percurso, além de ganhar experiência como andarilho, adquiriu importantes conhecimentos sobre arqueologia. Enquanto lia nas bibliotecas públicas, aplicava o que aprendia fazendo comparações com a inumeráveis amostras arqueológicas que observou durante a viagem.

Reafirmou, também, sua decisão de conhecer a fundo, política e socialmente, os países latino-americanos.

Teve a oportunidade de praticar os ensinamentos da Faculdade de Medicina, nos casos que tratou com seu amigo Granado, durante as visitas que fizeram aos leprosários, como o de San Pablo.

Quando voltou para Buenos Aires, decidiu-se diplomar-se antes de maio de 1953.

Devia eliminar nada menos do que quinze matérias e para isso contava com apenas sete meses. Isso significava um trabalho tremendo, se se levar em consideração que ele não queria abandonar as experiências no laboratório do dr. Pisani, onde trabalhou durante vários anos e adquiriu prática no tratamento de alergia, tema sobre o qual o professor tinha fama mundial.

E começou naquela corrida louca contra o relógio, para fazer os exames que faltavam.

Sem dúvida, tinha pela frente uma luta dura. E não vacilou.

Com seu conhecido empenho, começou a estudar novamente e foi fazendo os exames de todas as matérias que faltavam para terminar o curso. Repetiu em duas ocasiões, mas isso não foi motivo suficiente para que abandonasse a decisão de diplomar-se no prazo que se impôs. Nem a grave infecção que contraiu, devido a imprudência que cometeu ao moer as vísceras de pessoas mortas por doenças contagiosas, o demoveu da idéia.

Em novembro de 1952 ele passou em Oftamologia, Urologia e Dermatologia. Em dezembro eliminou dez matérias: Patologia Geral, Obstetrícia (Fisiologia), Patologia e Tuberculose, Ortopedia, Medicina Legal, Higiene e Medicina Social, Obstetrícia (Patologia), Medicina Geral, Cicurgia e Patologia e Enfermidades Contagiosas.

No final do ano, só uma matéria o separava do diploma: Neurologia. Ele não compareceu ao primeiro exame; no dia 11 de abril de 1953, prestou-o e finalmente terminou o curso.

Deu mostras de sua capacidade e de seu caráter.

Quando começou a estudar Medicina tinha pela frente trinta matérias. No final de 1951 eliminou metade e, entre novembro de 1952 e abril de 1953, fez os exames das quatorze matérias que restavam.

Durante os estudos universitários, Ernesto foi um aluno regular e livre. Nos primeiros anos, estudou como regular e, nos últimos, como livre.

Revendo o desenvolvimento do seus estudos, vê-se claramente que nos anos de 1948 e 1949 fez os exames das matérias básicas mais difícieis como aluno regular e livre. Não tinha tempo suficiente para assistir a todas as aulas.

Seus trabalhos na Prefeitura e na clínica do dr. Pisani, suas andanças de motocicleta pelo interior do país e as longas viagens feitas como enfermeiro da Marinha Mercante o impediram de assistir regularmente ao curso. Não obstante, não se atrasou nos estudos; antes, ganhou tempo, fazendo os exames das matérias adiantadas.

As notas obtidas durante o curso foram excelentes. Em nosso país é sumamente difícil eliminar uma matéria como aluno livre (quer dizer, sem a obrigação de assistir as aulas), porque nos exames se exige tudo, exatamente para impedir que isso aconteça. Devido aos inconvenientes que relatei, Ernesto teve que estudar muitas matérias como aluno livre. Quando tinha que fazer isso, contentava-se com um "aprovado", ainda que em algumas matérias passasse com distinção.

Levando em consideração o tempo em que, por uma ou outra razão, esteve fora de Buenos Aires, e o tempo que usou para seus trabalhos pessoais (Prefeitura, Clínica Pisani etc.), pode-se provar que ele terminou o curso de Medicina num tempo menor do que o normal.

Durante o ano de 1952, quando estudava as últimas matérias, ficava pouco tempo em casa. Costumava almoçar ou jantar conosco, mas não era sempre que vinha para dormir, porque algumas vezes ficava estudando no meu escritório até altas horas da noite. Ou então na casa de minha irmã Beatriz, que não dormia para preparar-lhe o mate, enquanto ele repassava as matérias.

Nós nos acostumamos novamente a estar perto dele e nos alegrava a idéia de vê-lo definitivamente em Buenos Aires. Queríamos que esquecesse um pouco as correrias pelo mundo. Tínhamos esperança de que ficasse na clínica do dr. Pisani, onde trabalhou por muitos anos e onde poderia continuar suas pesquisas com segurança. Pensávamos que, se ele fizesse isso, além de um brilhante futuro, teria a oportunidade de ver acabado o problema da asma.

Por outro lado, o que nos fazia pensar assim era o fato de ele ter colaborado com o dr. Pisani em vários trabalhos, que foram publicados também em seu nome.*

Pessoalmente, eu achava que esse deveria ser o verdadeiro

---

* *Tenho em mãos uma dessas publicações, que diz: Dr. Salvador Pisani, srs, J.M. Poison, E. Guevara y H. Schert. Título: "Sensibilización de cobayos a pólenes por inyección de extracto de naranja". Revista* Alergia. *Tomo 5, novembro-fevereiro 51/52.*

rumo de meu filho. Mas as coisas não andavam como queríamos. Depois de um breve descanso de três meses, Ernesto, no dia 11 de abril de 1953, terminava o curso.

Eu estava no escritório quando o telefone tocou. Atendi e imediatamente reconhecia voz de meu filho, que dizia:

— Fala o dr. Ernesto Guevara de la Serna.

E acentuava a palavra doutor.

Minha alegria foi muito grande, mas durou pouco. Ernesto logo anunciou uma nova viagem; desta vez seu companheiro seria um velho amigo de infância: Carlos Ferrer.

A notícia correu entre os amigos. Logo depois, como sempre fazia, Ernesto começou a arrumar todas as suas coisas para a partida: pegar o diploma de médico, registrá-lo, juntar todo o dinheiro que pudesse e fazer as malas.

Nossa ilusões se desfizeram como um castelo de cartas; sabíamos o que o esperava, e bem: caminharia léguas e léguas, andaria pendurado em qualquer carro ou caminhão, dormiria em qualquer parte e comeria o que pudesse. Da asma e da saúde não se ocuparia, e voltaria a correr o mundo, sem preocupar-se com os perigos.

Mas nós, pais e irmãos, não podiamos fazer nada, nem devíamos intervir. O dr. Ernesto Guevara de la Serna fazia o que lhe dava vontade. Somente nos restava aceitar o que acontecesse, mesmo apreensivos, e tratar de ajudar no que fosse possível, coisa que ele quase sempre recusava.

O primeiro lugar onde ele pisou nessa primeira viagem foi a Bolívia.

A casa da rua Aráoz transformou-se num formigueiro. Todas as tardes e noites, entravam e saíam rapazes e moças até que chegou a despedida.

Reuniram-se, na nossa casa, os amigos de Ernesto e uma parte dos nossos. Risos, brindes, música, bailes e discussões. No dia seguinte eles partiriam.

Numa tarde nublada e fria de julho de 1953, nos reunimos, familiares e amigos, na estação de trem *Retiro del Ferrocarril General Belgramo*, para nos despedirmos dos viajantes.

O trem internacional para Yacuiba-Pocitos (Bolívia) partiria às quatro da tarde. Como sempre, a espera foi longa e não tínhamos nada para dizer.

Soou o apito do guarda. Beijos, abraços, gritos e acenos.

Ernesto ia vestido com uma calça verde. Acompanhei o trem caminhando pela calçada da estação, e ele rodava uma bolsa sobre a cabeça raspada, gritando: "Aqui vai um soldado da América!".

Eu estava triste. Não conseguia entender meu filho, não compeendia o porquê dessas saídas que o distanciavam de nós.

Ele fizera um esforço sobrehumano para diplomar-se e, quando conseguira isso, quando surgira a invejável oportunidade de poder trabalhar com um cientista de fama mundial como o dr. Pisani, jogou tudo para o ar e, novamente, cortando os laços familiares, amizades e trabalho, saiu para outras terras. Procurando o quê? Aventuras? Horizontes distantes? Obsessões arqueológicas? Não podia ser nada disso.

Sem dúvida, algo muito forte e íntimo o impulsionava. E esse algo, para mim incompreensível, foi entendido quando o tempo, serenando o meu espírito, me deu condições para reler, analisar as cartas de meu filho e investigar-lhes o conteúdo. Nelas estava a chave do segredo, que eu não podia entender. Através delas, pacientemente, pude revelar o enigma, seguindo o curso de sua evolução ideológica.

Quando recebíamos cartas dele, eu ficava muito violento (por causa da minha incopreensão). Ele zombava das coisas sérias e perigosas. Porém, através das gozações, tentava ocultar aquilo que nos poderia mortificar.

Relendo suas cartas, conseguir mergulhar na vida interior de Ernesto. No redemoinho de seu pensamento, ia-se formando o que, com o tempo, se foi fixando e tomando corpo e cuja máxima expressão encontro numa carta enviada da Índia e que, num dos parágrafos, diz: "Desenvolveu-se em mim o sentido coletivo, em contraposição ao individual. Sou o mesmo solitário que era, procurando o meu caminho sem ajuda, porém agora tenho o sentido do meu dever histórico. Não tenho casa, nem mulher, nem filhos, nem pais, nem irmãos. Meus amigos são meus amigos enquanto pensam, politicamente, como eu. Entretanto, estou contente, me sinto útil na vida, não somente pela poderosa força interior que sempre senti, como também por uma capacidade de transmiti-la aos demais. E um absoluto sentido fatalista da minha missão me tira todo o medo".

A esta altura da vida Ernesto já encontrara a si mesmo. Ficavam para trás as aventuras, as investigações arqueológicas, as práticas de Medicina, abrindo caminho para algo novo que o absorvia completamente. Suas inquie-

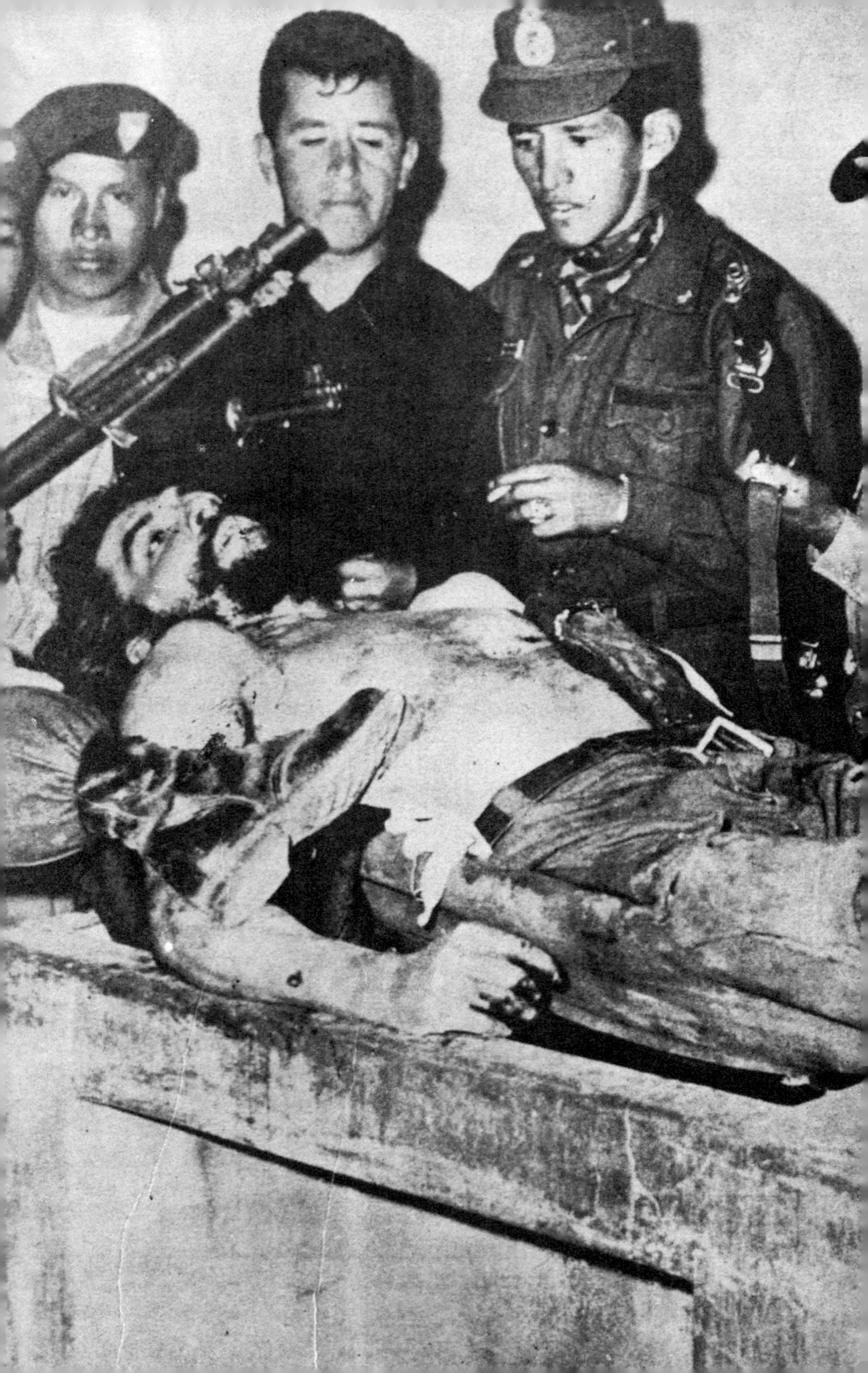

tações, dúvidas e buscas não foram mais do que o caminho imprescindível que teve de percorrer para chegar a compreender totalmente o socialismo, doutrina que assumiu e praticou.

Ao reler estas cartas compreendi, em toda a sua dimensão, aquele grito: "AQUI VAI UM SOLDADO DA AMÉRICA!"

(Extraído do livro *Meu Filho "Che"*, Ernesto Guevara Lynch, Brasiliense, São Paulo, 1986.)

Tristeza na Morte de um Herói

Pablo Neruda

Nós que vivemos esta história
esta morte e ressurreição
de nossa esperaça enlutada,
os que escolhemos o combate
e vimos crescer as bandeiras
soubemos que os mais calados
foram os nossos únicos heróis
e que depois das vitórias
chegaram os vociferantes
a boca cheia de jactância
e de proezas salivares.

O povo moveu a cabeça:
e voltou o herói ao seu silêncio.

Mas o silêncio se cobriu de luto
até afogar-nos nesse luto
quando morria nas montanhas
o fogo ilustre de Guevara.

O comandante terminou
assassinado num barranco.
Ninguém abriu a boca.
Ninguém chorou nos povoados índios.

Cadáver de Guevara exposto em Vallegrande, Bolívia.

Ninguém subiu às torres das igrejas.
Ninguém levantou fuzis,
e cobraram a recompensa
aqueles a quem veio salvar
o camandante assassinado.

O que houve, medita o pesaroso,
com estes acontecimentos?

E não se diz a verdade
porém se cobre com papel
esta desgraça de metal.
Mal se abrira o roteiro
como um machado que caiu
na cisterna do silêncio.

Bolívia voltou ao seu rancor,
a seus enferrujados gorilas,
à sua miséria intransigente,
e como bruxos assustados

os sargentos da desonra,
os generaizinhos do crime,
esconderam com eficiência
o cadáver do guerrilheiro.
como se o morto os queimasse.

A selva amarga engoliu
os movimentos, os caminhos,
e onde passaram os pés
da milícia exterminada
hoje os cipós aconselharam
uma voz verde de raízes
e o veado selvagem voltou
à folhagem sem estampidos.

(Extraído do livro *Che Guevara — A Guerra de Guerrilhas* — Edições Populares, São Paulo, 1982.)

Paixão e Morte na Bolívia

Ricardo Rojo

No dia 31 de agosto, o Exército arma uma emboscada à coluna do comandante Acuña Núñez, composta de 17 guerrilheiros.

Foi preparada com todo cuidado, depois de o filho de um camponês ter contado a um soldado que, enquanto seu pai pescava nas águas do Rio Grande, dois guerrilheiros entraram em sua casa, buscando alimentos.

No lugar chamado Vado del Yeso cruzam-se as águas cristalinas do rio Masicuri com a corrente turbulenta e arenosa do Rio Grande. Há praia em ambos os lados e, em seguida, um espêsso matagal.

Os dois guerrilheiros prometeram voltar no dia seguinte. Quando os militares descobrem a novidade, ordenam à esposa do camponês que volte para casa e receba com calma a visita dos guerrilheiros. O Exército, entretanto, se esconde na mata, e espera pacientemente. Voltou também o camponês dono da choça e, rapidamente, instruem-no sobre o que deverá fazer; o principal, vestir camisa branca, de maneira que os soldados não confundam e não o matem também.

Aparece por fim, o comandante Acuña Núñez e cruza o rio, de cujas águas bebe com as mãos. Atrás dele começam a passar os demais. Quando avançam em direção ao bosque, começa o tiroteio. Acuña Núñez e um soldado são alvejados de perto e os dois caem mortos ao mesmo tempo. Os guerrilheiros abandonam suas mochilas, para se mover melhor no leito do rio, e logo a corrente arrasta vultos difíceis de identificar: alguns são mochilas outros são homens. Os soldados disparam contra todos. O rio se avermelha de sangue. A coluna de dezessete homens perde nove deles; os oito restantes estão agora mal armados e sem líder.

Os fugitivos voltam a se chocar com o Exército, dois dias mais tarde em Yajo Pampa, na mesma zona do Rio Grande e mais quatro guerrilheiros perdem a vida. A que antes fora a perigosa coluna do comandante Acuña Núñez, agora caminha para o seu extermínio.

Che, entretanto, está em contínuo movimento com seus homens. Não são mais de vinte a essa altura de campanha. Tem muitos problemas quanto à alimentação, e não encontra colaboração entre os camponeses. Nenhum camponês, tampouco, se incorporou à sua força.

A campanha de Lênin na Polônia volta forçosamente à sua memória. As palavras que Lênin usou para explicar a Clara Zetkin aquele fracasso (*Reminiscences of Lenin*, New York, International Publishers, 1934, pág. 18), parecem escritas especialmente para descrever a situação de Che.

"Nossa vanguarda valente e confiada", explicou Lênin, "carecia de reservas de homens e munições, e nem por um só dia dispôs de pão suficiente. Tinha que requisitar pão e outros alimentos aos camponeses da Polônia. Por isso, os poloneses viam no Exército Vermelho inimigos, não irmãos e libertadores."

Sem reservas e sem pão, agora é hora de fuga constante pelas regiões de Caraparí, Yuque e Ticucha. Dá-se um combate na quebrada Iquira, onde Che perde materiais, um homem e uma valiosa coleção de documentos. Estes últimos se verão enriquecidos com os que aparecem em mais quatro depósitos, entre eles um do Quartel-General de Che, em Ñancahuazú, que finalmente é descoberto.

A 22 de setembro, a documentação é exibida pelo chanceler boliviano em Washington, que denuncia a presença de Guevara perante a reunião de embaixadores latino-americanos convocados pela OEA. O efeito é curioso: quase ninguém acredita que as fotos pertençam realmente a Che, ou porque estavam convencidos de sua morte anterior, ou porque o nível de credibilidade merecido pelo governo boliviano é muito baixo.

Nesses mesmos dias, Guevara estava retraído com um grupo de 16 homens, fugindo à perseguição de mais de 1.500 *rangers*. Para os líderes militares, a documentação recolhida foi mais convincente que para os embaixadores. Para eles não há dúvida: Che estava encurralado no fundo de um buraco coberto de vegetação, mas cujas bordas, totalmente desnudas, não lhe permitiam sair sem ser visto.

Juntou-se, no entanto, o testemunho de um desertor, que nos últimos dias de setembro, se entregara ao Exército, perto do Rio Grande, valendo-se de um indulto oferecido a todos os que se rendessem imediatamente. O desertor explicou que Che estava gravemente doente, o que parece ter sido um exagero, pelo menos no momento da declaração.

No dia 26 de setembro, dá-se um combate em Higueras, bem

próximo à quebrada de Yuro. Foi longo e à luz do meio-dia, o que os levou a abandonar os seus mortos — três, entre eles o líder boliviano Roberto Peredo. Acabavam de se reabastecer de provisões e medicamentos, quando apareceu a patrulha do Exército e tiveram de travar batalha.

A partir desse encontro, a força de Che fraciona-se para melhor se deslocar e volta a se reunir à noite em lugares combinados de antemão. Guevara tem de conhecer bem o terreno em que se move, para decidir o rumo, e o faz nos dias 6 e 7 de outubro, quando completa doze meses contínuos de operações militares na selva. É otimista quanto ao futuro, já que não interrompe as anotações em seu diário e considera que a organização guerrilheira se desenvolveu até então "sem complicações".

Nesse dia fazem contatos esporádicos com camponeses. Uma velha pastoreando uma cabra assegura que não vê os soldados há bastante tempo, mas os guerrilheiros desconfiam das notícias. De tarde, alguns homens entram numa casa onde há outra mulher, com um filha prostrada na cama e deixam dinheiro para que ela se cale, embora sem muita esperança de que ela o faça.

Recomeçam a marcha sobre um solo delator, semeado de batatas junto aos veios d'água, que partem do rio Yuro e registram as pegadas úmidas dos 16 guerrilheiros.

No dia 8, uma camponesa avisa o Exército que ouviu vozes no vale do rio Yuro, perto da desembocadura de Santo Antônio. Os militares enviam várias patrulhas de reconhecimento e, por volta de uma e meia da tarde, uma rajada de metralhadoras dos *rangers* revela que foi estabelecido contato com a guerrilha.

O homem mais avançado é o boliviano Simón Cuba, um excelente atirador, que faz fogo duas vezes, escondendo-se rapidamente. Por trás dele está Che, que também abre fogo, até que algumas balas o atingem nas pernas. Cuba, num heróico ato de lealdade, carrega-o sobre os ombros, tentando afastá-lo da linha de fogo. Mas outra rajada volta a ferir Guevara, fazendo sua boina voar longe. Cuba então apóia-o no solo e se dispõe a continuar disparando, mas está cercado, a menos de dez metros. Todos os *rangers* atiram sobre ele ao mesmo tempo.

Che está agora numa posição extremamente difícil, mas tenta a última resistência. Apóia-se numa árvore com uma das mãos, enquanto, com a outra, conti-

> “ O nosso sacrifício é consciente. É a quota a pagar pela Liberdade.”

nua operando a sua M2, apesar de se tratar de uma arma longa. Mas não consegue mais que alguns minutos. Uma bala fere-o de novo na perna direita e outra o alcança justamente na mão que empunha M2. A arma salta de sua mão, com o punho partido e a bala segue seu caminho, voltando a ferir o antebraço direito.

Os sitiantes os rodeiam, ele cai prisioneiro.

Tem várias feridas, mas sua vida não corre perigo. Também não perde a consciência, a tal ponto que um de seus agressores, com um músculo ferido e sangrando pela artéria femural, tem sua vida salva graças às ordens dadas por Che para que se fizesse um torniquete.

O prisioneiro é levado para Higueras, a uns doze quilômetros do lugar onde se deu o combate.

Sua sorte depende nesse momento de dois homens: um deles é o capitão Gary Prado Salgado, chefe de companhia de *rangers* do 2º Regimento, que o capturou, e o outro é o coronel Andrés Selnich, comandante do Terceiro Grupo Tático, superior hierárquico do primeiro.

Prado é um militar educado nos Estados Unidos; seu pai foi general do velho exército, que chegou a Ministro da Guerra. É um aristocrata, a quem os soldados chamam respeitosamente de “cavalheiro inglês”. Selnich também é, a seu modo, um aristrocrata. Num exército onde nove em cada dez possuem sangue indígena, o coronel Selnich exibe sua raiz étnica européia, e isso o distingue dos outros.

Guevara conversa com os dois. Interessa-se em saber de que unidades procedem, que foi sua formação profissional, se estiveram na escola de contraguerrilha do Panamá. Sofre com as diferentes feridas e enfraquece visivelmente, embora não tenha nenhuma hemorragia importante. Não se pode mover e, quando o tenta, desiste logo após. Os militares se preparam para transportá-lo para Higueras. Quatro soldados o levam, estendido sobre uma manta do Exército, e ali o deixam num quarto vazio de móveis, pertencente à escola do povoado.

Durante as horas seguintes, há uma expectativa tensa entre os oficiais e muitos comentários e murmúrios entre a soldadesca. Sabe-se que o major Niño de Guzmán tentou levar Guevara no helicóptero que dirige até a localidade de Vallegrande, onde poderia chegar em apenas 20 minutos. Diz-se até que o major discutiu com o coronel Selnich, que insiste em primeiro transportar seus soldados feridos.

Inúmeras consultas se sucedem entre os captores e as autoridades militares, principalmente com o coronel Joaquín Zenteno Anaya, que comanda a oitava divisão do Exército, e mantém contatos telefônicos com La Paz. Na manhã de 9 de outubro, as consultas chegam a um fim: Che será executado nessa mesma manhã, no lugar onde se encontra prisioneiro.

Está sentado no chão, as costas apoiadas contra a parede. Ofega debilmente e distingue com dificuldade, devido à má iluminação, a entrada de duas pessoas.

O capitão Prado aproxima-se por detrás e dispara-lhe uma rajada de metralhadora no pescoço, de cima para baixo. Quatro balas atingem o alvo. O coronel Selnich aproxima-se e dispara uma única vez sua pistola de nove milímetros. A bala atravessa o coração e o pulmão. É o tiro de misericórdia. Está morto.

Quando tentaram retirá-lo do lugar do crime, os dois verdugos não conseguiram ocultar um estremecimento de terror: Che Guevara tinha os olhos muito abertos e serenos e um sorriso que para eles significava desdém e, para o resto do mundo, simplesmente, amor.

(Extraído do livro *Meu Amigo Che*, Ricardo Rojo, Civilização Brasileira, Rio de Janeiro, 1968.)

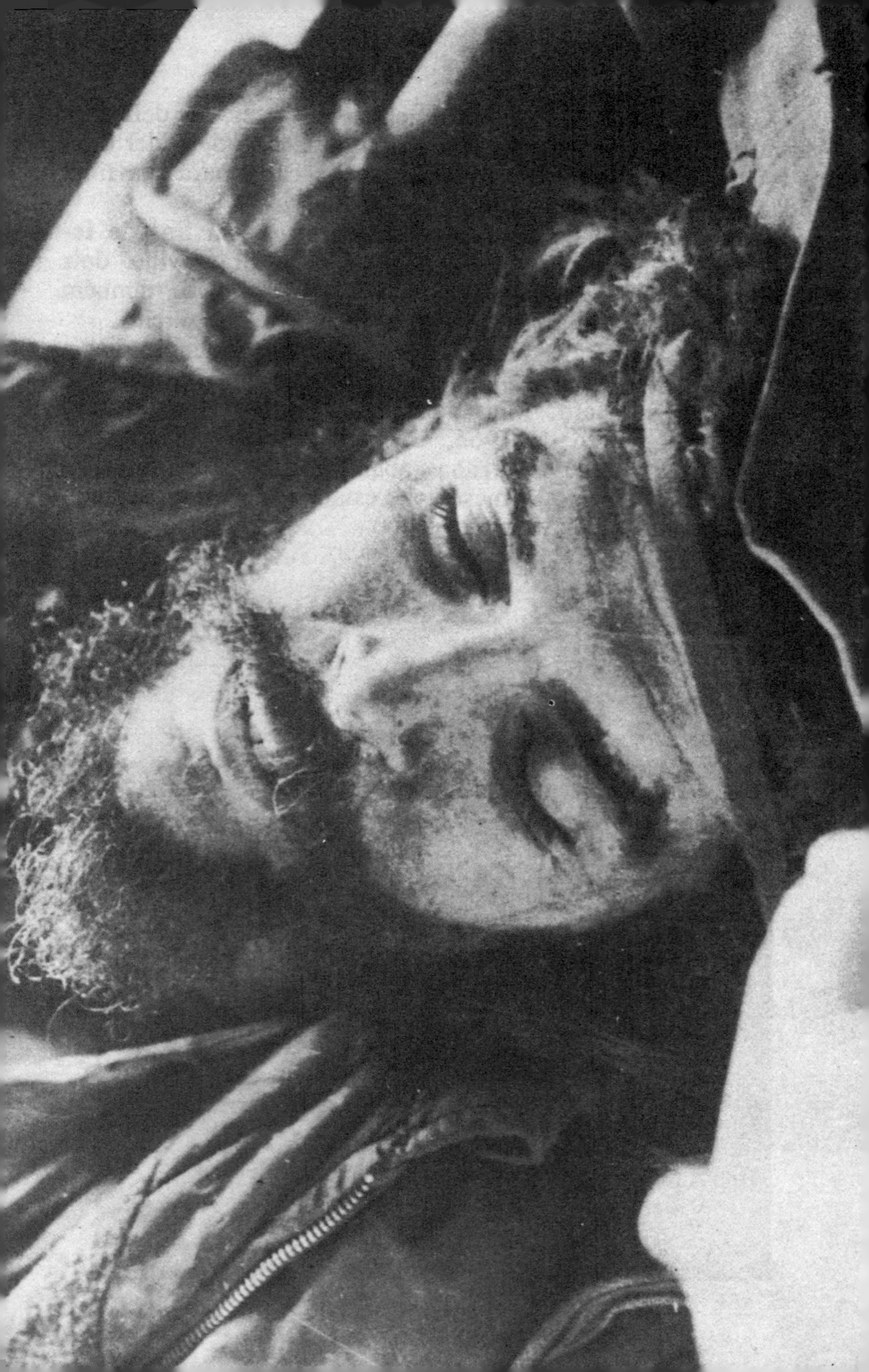

CHE GUEVARA
BIBLIOGRAFIA

CHE GUEVARA — *Textos Revolucionários*. São Paulo, Centro Editorial Latino-Americano, 1980.

Diário da Guerrilha Boliviana. São Paulo, Edições Populares, 1980.

Serra Mestra — Da Guerrilha ao Poder. São Paulo, Edições Populares, 1982.

Che Guevara — *A Guerra de Guerrilhas*. São Paulo, Edições Populares, 1982.

Textos Políticos. Global Editora, 1986.

Che Guevara — *Por Uma Revolução Internacional* — Edição comemorativa do 20º aniversário da morte de Che Guevara. São Paulo, Edições Populares, 1987.

LYNCH, Ernesto Guevara — *Meu Filho "Che"*. São Paulo, Editora Brasiliense, 1986.

ROJO, Ricardo — *Meu Amigo Che*. São Paulo, Traço Editora, 1968.

SADER, Eder — *Che Guevara* (Política). São Paulo, Editora Ática, 1981.

Che Guevara abatido e executado em Higuera.